古代歷史文化 研究輯刊

五編

王明蓀 主編

第 15 冊

明清北京的城垣與宮闕之研究（1403～1911）
（增訂本）

謝敏聰 著

國家圖書館出版品預行編目資料

明清北京的城垣與宮闕之研究（1403～1911）（增訂本）／謝
敏聰 著 — 初版 — 新北市：花木蘭文化出版社，2011〔民
100〕
目 2+190 面；19×26 公分
（古代歷史文化研究輯刊 五編；第 15 冊）
ISBN：978-986-254-428-0（精裝）
1. 古城 2. 紫禁城 3. 宮殿建築 4. 北京市
618   100000586

ISBN-978-986-254-428-0

9 789862 544280

古代歷史文化研究輯刊
五　編　第十五冊　　　　　ISBN：978-986-254-428-0

明清北京的城垣與宮闕之研究（1403～1911）（增訂本）

作　　者	謝敏聰
主　　編	王明蓀
總 編 輯	杜潔祥
印　　刷	普羅文化出版廣告事業
出　　版	花木蘭文化出版社
發 行 所	花木蘭文化出版社
發 行 人	高小娟
聯絡地址	新北市永和區中正路五九五號七樓之三
	電話：02-2923-1455／傳眞：02-2923-1452
電子信箱	sut81518@gmail.com
初　　版	2011 年 3 月
定　　價	五編 32 冊（精裝）新台幣 56,000 元

明清北京的城垣與宮闕之研究（1403～1911）

（增訂本）

謝敏聰　著

作者簡介

謝敏聰，1950 年出生於台灣彰化
　　　台灣大學歷史系學士
　　　文化大學史學研究所碩士
　　　香港珠海大學中國歷史研究所博士
現職：中華簡牘學會理事
　　　台北市簡牘學會理事
　　　新竹清華大學歷史研究所兼任副教授
歷任：文化大學史學系兼任講師
　　　中原大學共同科兼任講師
　　　淡江大學歷史系兼任副教授
　　　玄奘人文社會學院專任副教授
　　　北台灣科學技術學院專任副教授
　　　中國歷史地圖編纂委員（張其昀監，程光裕、徐聖謨主編）
　　　高中歷史教科書（正中書局版）編輯委員
學術榮譽：
　　1. 著作、作品五度榮獲教育部長頒獎表揚。
　　2. 論文曾榮獲美國哈佛大學名譽教授費正清（JOHN K. FAIRBANK）博士、英國學術院
　　　院士崔瑞德（DENIS TWITCHETT）教授，聯合總主編的英文版《劍橋中國史》引用。
　　3. 專著曾榮獲美國哈佛大學終身教授巫鴻博士在其英文版專著《武梁祠》列為引用參考
　　　書目。
　　4. 專書曾榮獲文化大學創辦人張其昀教授在其專著《中華五千年史》列為參考書目。
　　5. 論文曾榮獲美國西雅圖華盛頓大學陳學霖教授在其論文〈元大都城建造傳說探原〉引
　　　用。
　　6. 論文曾榮獲香港大學地理系主任薛鳳旋教授在其中、英文版專著《北京：由傳統國都
　　　到社會主義首都》（香港大學出版）引用。
　　7. 作者榮獲香港《紫荊雜誌》兩度讚譽為 1980 年代以來享譽兩岸及海外的古建築學者。
主要著有：
　　《中國歷代帝王陵寢考略》，台北：正中書局，1976 年。
　　《明清北京的城垣與宮闕之研究》，台北：台灣學生書局，1980 年。
主要編著有：
　　《中華歷史圖鑑》，台北：聯經出版事業公司，1978 年。
　　（書名榮蒙國畫大師張大千先生賜親題墨寶）
主要譯有：
　　《中國古建築與都市》，台北：南天書局，1987 年。
　　（ANDREW BOYD 原著）
另撰有：
　　論文、專文數十篇，散見學報、《牛頓雜誌》、《時報雜誌》、……。

提　要

　　現今北京留存的城制與宮苑，創建於朱明，增修於遜清，金碧掩映，鬱鬱蒼蒼，其規模的壯麗雄偉，堪稱世界都城與宮殿建築中的第一位。自明代以來，言其制度與沿革之書，即多至不可勝數，典章炳煥，圖籍雜陳，如明・劉若愚之《酌中志》、呂毖之《宮史》及清・朱彝尊之《日下舊聞考》等，都是很有名的，惟均各有偏頗。近人朱偰撰《明清兩代宮苑建置沿革圖考》述北京宮闕遞嬗沿革，自言詳於明而略於清；侯仁之撰《北平金水河考》等著，著重歷史地理之變遷；單士元、于倬雲、朱家溍、王璞子、晉宏逵、鄭連章、王子林、芮謙以文物、建築的觀點深入研究，故宮博物院鄭欣淼院長於 2003 年更提出「故宮學」的學科概念，整合對故宮各方面的綜合研究，例如：中國故宮的歷史（從夏末到清末民初）、中國歷史上的宮廷收藏與其他歷代的宮廷建築（如：行宮、陵寢、……）、故宮博物院的歷史與未來的展望、「故宮學」學科理論的構建、與預期的研究成果及對社會大眾教育的貢獻與影響。前賢謂：有新資料才有新學門，民初以來，故宮由於明清檔案的公開，古物陳列所、歷史博物館與故宮博物院的相繼成立，加上科際整合與王國維的「二重證據法」等新的做學問方法，配合從十九世紀末以來，照相、電影、電視、錄像、錄音、電腦、網路等新機具的配合使具，使由抽象的故宮研究，進化到抽象與形象並重的故宮研究，將故宮的學術層次提升到二十世紀與二十一世紀之交的一個空前的高度，「故宮學」學科的必要形成，已獲全球大多數研究故宮學者們之共識，2010 年在鄭欣淼院長主導下更成立故宮學研究所，標誌一個新學科的正式成立，而且也已有了專職的研究機構。因有關北京史料浩瀚無比，故擇明清時期的城垣與正式宮殿撰寫本書，蓋因城垣與宮殿為帝室皇都不可或缺的兩樣建築物。都城的中軸係與主要宮殿連貫。

　　本書除注重北京城址之演進外，對於現存宮闕規制特加以詳述，略於明而詳於清。郊外園囿因不在《周禮》的範圍內，因此從略，而皇室的正式壇廟中，亦僅論及與宮城有關的天壇、堂子、太廟、社稷壇、地壇，以符合本書的題目。並從都市的文化地位、制度淵源、規建思想加以探究，尤以後兩項為他著所未研討。

　　《明史》謂北京宮殿「名號繁多，不能盡列，所謂千門萬戶也。」因此本著特附以圖表，以便查核複雜的宮殿位置，使能一目瞭然。

　　本書共分七章，大要如下：

　　第一章「緒論」：略言中國地略重心東移北京的經過及北京在中國及世界的文化地位，並說明研究北京古城的價值與意義。

　　第二章「北京的地理形勢及沿革」：下分二節。第一節就北京附近的地理形勢加以闡述，以瞭解迭為歷代建都的原因；第二節，說明北京的營建，非一朝一夕，乃歷代加以擴建累積，才形成元代以來的偉大城市。

　　第三章「明代北京的營建與城市的佈局」：下分四節。第一節談明代肇建今城的經過；第二節談明代以來城市的佈局與城垣狀況；第三節為城垣內外的皇附屬建築；第四節略述明清北京的城坊。

　　第四章「紫禁城之沿革」：下分二節。第一節談及南京明故宮及鳳陽紫禁城的興廢及其對北京宮闕制度之影響；第二節為北京紫禁城各宮殿的修建史。

　　第五章「宮闕規制」：下分五節。第一節述及宮前各門；第二節談太廟及社稷壇的建置；第三節為紫禁城的城垣與護城河；第四節敘述外朝及兩翼；第五節敘故宮內廷中路的情形；第六節詳談內外東西路複雜的皇宮內苑。

　　第六章「北京城垣與大內的制度淵源」：下分四節。第一節，追溯北京城垣制度的由來；第二節敘述歷代御道與宮廷廣場對北京規建的影響；第三節談海中三神山設置之源始；第四節詳北京宮禁制度之淵源。

第七章「結論」：綜合上述各章節，演繹歸納北京始建的哲學思想，宮殿佈置與建物排列的教化意義，並以明清北京古城與故宮、中國歷代宮廷文物為中華傳統文化的中心作本書的總結。

本書承蒙吾師李守孔教授（台灣大學名譽教授）指導，謹此申謝。

目次

第一章　緒　論

一

　　《周禮‧天官冢宰》云：「惟王建國，辨方正位，體國經野，設官分職，以爲民極。」〔註1〕即言歷代以來，帝王皆注重建立首都。京師是國家的政治中樞，〈公羊傳〉載：「京師者何？天子之居也。京者何？大也。師者何？眾也。」而宮城位於京城之中，與都城係一體的，何況國都的營建，最初似乎只以宮殿爲基本，市政的計劃並不是一個必需的事〔註2〕。所以上古以來中國的國都基本上是城制與宮闕的關係，市廛民居是次要的。以北京爲例，城垣與大城中軸及宮殿是互相關連的，至於城內的壇廟、園囿，郊外的離宮、陵寢是附屬建築。

　　中國從西周以後，正史所認爲正統朝代的國都，除南宋在臨安（今浙江杭州）外，其餘均在西安、洛陽、南京、開封、北京（以上五地又稱爲中國五大古都）。

　　在五大古都之中，以西安建都最早，年數最久，地勢也最爲險要，其建城要比羅馬城早三百五十八年（西安於公元前 1111 年〔此年代據董作賓《中國年曆總譜》〕，周武王定爲首都，羅馬建城相傳於公元前 753 年）。

　　西安與洛陽同爲中國上、中古時期的兩大國都，此期不都於長安即都於洛陽。而西周及隋唐更於此兩地，同時建爲東西二都，兩京相距七百里（長

〔註 1〕 見《周禮》（台北：台灣商務印書館，1974 年 11 月出版），〈天官冢宰第一〉。
〔註 2〕 見勞榦著，〈論國都的建置及唐代以前的都邑設計〉（載《中國的社會與文學》單行本中，台北：傳記文學出版社，1970 年 12 月台一版）。

安到潼關三百里，潼關到洛陽四百里），在控制全國上，互為犄角。

隨著江南經濟的開發，陸路軍事重心的東北移，及唐代以後中國航海事業的發達，南宋以後中國的都城逐漸東移到南京及北京。五代（後唐除外）及北宋定都汴京（今河南開封）是「西安洛陽期」及「南京北京期」的過渡都城。

南宋在杭州建都，這是較為特殊的，宋朝皇帝原只要在這裡臨時安定（因此稱為臨安），並不是有意做永久的都城。直到十二世紀中期，南宋皇帝還在遲疑，是否繼續在杭州再住下去，所以一直不肯花更多的錢來建設杭州，而皇帝住的也是樸實的宮殿。在 1133 年勉強決定鋪上宮殿與宮門之間的巷路，這樣行政官員才不致於在雨天涉水通過。1148 年決定加強大城的東南圍牆。但終宋之年均稱杭州為「行在」。〔註3〕

元世祖忽必烈汗自阿里不哥之亂以後，不再以和林為國都，蓋和林雖「富水草，擅形勢」〔註4〕，但「繁盛遠不如聖丹尼斯城（巴黎附近的小城），宮殿亦相差十倍，全城僅有大街二。」〔註5〕況從元太宗窩闊台汗以來，也逐漸模仿中國歷代制度，元世祖由朔漠入主中原，承遼金〔註6〕之舊，建大都宮殿，仿汴京而益備〔註7〕，作為橫跨歐亞的大元帝國新中央。

誠如顧祖禹所說，明代之建都北京，由於「天下有偏重之處，幽燕去河洛為遠，而去關中為尤遠。唐都關中，以范陽、盧龍為斗絕，東垂為契丹、奚、室韋、靺鞨所環伺，於是屯戍重兵，增節鎮，（安）祿山乘之，遂成天寶之禍，終唐之世，河北常為屬階，其後契丹得幽燕，因以縱暴於石晉，女真得幽燕，因以肆毒於靖康，勢莫如建為京師，俾禁旅雲屯，才勇輻輳，以潛消天下之禍。」〔註8〕元主北返，仍不時南犯，而明成祖為藩王時，久鎮燕京，知蒙古威脅仍重，毅然「天子且以身先之」〔註9〕，「夫誰敢耽安樂，而

〔註3〕 Jacqus Gernet, *Daily Life In China (On the Eve of the Mongol Invasion, 1250~1276)*, Macmillan Company, 1962, P.23&25.

〔註4〕 伯希和，〈和林考〉（載《亞洲學報》上冊，1925 年），頁 372。

〔註5〕 屠奇撰，《蒙兀兒史記》（台北：世界書局，1962 年 10 月影印出版），卷四。

〔註6〕 參見《大金國志》，卷三十三〈燕京制度〉。又《金圖經》：「亮欲都燕，遣畫工寫京師（汴梁）宮室制度，闊狹修短，盡以授之，左丞相張浩輩按圖修之。」

〔註7〕 湯用彬，《舊都文物略》（北平市政府，1935 年 11 月初版），〈技藝略〉。

〔註8〕 見顧祖禹，《讀史方輿紀要》（台北：樂天出版社，1973 年 10 月重印），〈直隸方輿紀要序〉。

〔註9〕 同註8。

避難者。」〔註10〕

　　清朝入主中國，由瀋陽遷都北京的原因：（一）以北京明朝營建基礎完
備。（二）以離其初起地東北不致太遠。（三）以瀋陽地偏處東北未能綜綰
全局。

二

　　正像巴黎繼承了古羅馬帝國的精神，北京也繼承了中華帝國黃金時代的
精神。巴黎是西方都市之都，北京則是東方的都市之都。如果你到過巴黎，
你會覺得她不但是法國人的都市，而且是你自己的城市；同樣地，北京不僅
是中國人的都市，也是全世界人士的都市。住在巴黎和北京的人都會說：「這
是我的城市，我願意永遠住在這裡。」〔註11〕

　　北京自遼代開始，經金，元，明到清，都在這裡建都，先後有九百多
年，所以有千年古都的雅號。此地：風景秀麗，文物優美，冠絕中外，為東
亞文化藝術精神之地；亦為歐美人士嚮往之所。大如紅牆瓦宮殿建築之富麗
堂皇，小如雕漆器物之精緻雅觀，沒有不珍貴的，遠非世界其他各地所可以
比得上的。〔註12〕

　　而紫禁城的綺麗，北海、中南海中參天的古木，滿湖的荷花，頤和園的
風光，天壇的莊嚴肅穆，圓明園的廢墟。她不僅能使人油然而生「思古之幽
情」，更能以她幾百年來所蘊育的文化傳統，啓發中國的新生力量，所以北京
不僅是中華文化的中心，也是東方精神文明的象徵。

　　在清末上海興起以前，北京一直是中國的第一大都市（現為第二大都
市），以這樣一座人文薈萃的文化古都，繁華情形甲於全國，「芳草裙腰塗尚
微，少年競射馬如飛，金貂日暮宮牆外，一道銀河春鴨稀。」的詩句，是她
景物的最佳寫照。

　　蔣廷黻先生自稱是個「愛惜北京者」，他下面的一段話最足以說明北京在
他心中的精神價值：

〔註10〕同註8。
〔註11〕見蔣夢麟，《西潮》（台北：世界書局，1971年3月九版），第五部〈中國生活
　　　　面面觀〉，第二十三章〈迷人的北京〉，頁183。另外，林語堂也譽「巴黎和北
　　　　京是世界上最美的兩座城市，而北京更較巴黎為美。」見 Lin Yutang: *Imperial
　　　　Peking*. Craun Publishers INC., New York, 1961.（見此書 The Spirit of old peking,
　　　　P.11）
〔註12〕參見蔣復璁，《重印都文物略·序》（台北：故宮博物院，1973年12月重印）。

我是個愛惜北平者，我覺得北平事事可愛，處處可愛；宮殿廟宇圖書館諸大建設固可愛；小胡同，破場亦可愛。我還記得我初次觀北平的印象。我當時對我自己說：現在我才知道我們民族的偉大，爲什麼我們的文化是東亞文化的正宗；這樣的京都配作一個大帝國的京都；我們的祖宗能有這麼偉大的建設，那我們及我們的子孫也能夠。北平是我民族的至寶偉業；同時也是我民族的希望和鼓勵。北平以外，我們當然還有別的舊都，如西安、洛陽、開封、舊南京。我觀了這些地方以後，我總是想我們是敗家子弟，覺得民族是絕望的。看看北平，我還覺得有希望，有掙扎的可能。老實說，中國現在所有的城市那一個配作我們民族潛勢力的代表？是上海、天津、漢口嗎？到這些地方去的人那一個不讚嘆外人創作力的大而可憐中國人的無用？我們若要給世界的人一個證據，證明我們不是劣種，是個偉大的民族，還有什麼證據比北平更好呢？〔註13〕

總之，北京這座古老的都市，經過九百餘年的培植和文化薰陶，她在中國教育、文化、建築、工藝、風俗人情，語言各方面，都是站在領導地位。有人說：「不到北京的人，不能算是認識中國。」

三

錢穆教授說：「研究歷史是須要感情的，亦即對學問要懷著溫情與敬意。」而這種心靈的體會，往往須要外界的實體物來刺激。

十八世紀的羅馬史家吉朋（Edward Gibbon 1737～1794）在完成其大著《羅馬帝國衰亡史》後，又寫了一本自傳，追溯其寫史的動機與計劃：

這是在（1746）十月十五日將近黃昏的時候，當我坐著凝視羅馬的神廟，靜聽赤足托鉢僧在神廟內朗誦應答祈禱，我的歷史寫作的動機，開始孕育。〔註14〕

在一刹那間，吉朋的精神與羅馬的精神合而爲一，由心靈上的體會，到繁重工作的執行，經費時十六年，終於於 1787 年，完成了這部光芒萬丈的傑

〔註13〕見蔣廷黻，〈北平的前途及古物的保存〉《獨立評論》第五十七號，北平，1933 年 7 月初版）。

〔註14〕這一段在吉朋的自傳原文爲：It was on the fifteenth of October in the gloom of the evening, as I sat musing on the Capitol which the barefooted fryars were chanting their litanies in the Temple of Jupiter, theat I conceived the first thought of my history.

作。〔註15〕

　　北京城是我國留存至今唯一完整的歷史名城。在中國都市發展史上，極具有歷史意義與價值。歷史古蹟之多甲於全國，馳名世界，文物製作，斐然可觀。北京的規建是根據中國古政治倫理哲學思想，配合當時需要，並按照地理特點，再參照西安、洛陽、開封諸都城的政治、經濟、文化性的長年實際沿革演變融合而成。中國都城建制的思想大體淵源於周朝，到西漢大致完備，但根據考古的發掘，可遠追溯於夏代、殷商，歷朝都城制度因時宜或實際情況而規建的式樣或繁簡不一，但是精神總是一脈相承，因此，北京為研究中國古來傳統都城制度最貴重的實例。西安、洛陽、開封等城雖亦為歷史名都，但今之西安城僅為唐代長安的六分之一，漢唐故宮鞠為茂草〔註16〕，洛陽古都早已淪為廢墟，開封宮城僅存一座龍亭供人憑弔。所以，北京的可貴尤其在此獨一無二完整的保留。

　　北京故宮建築的雄偉，莊嚴肅穆的氣氛，其「千百樓台，金殿輦路，鳳閣龍樓，雕金砌玉，舉世無雙」，到此九重禁地，將令人想起「這一片金碧輝煌，巍峨壯麗的宮殿，曾經是世界的中樞，天子從這兒頒佈聖旨，庶民誠惶誠恐，凜遵無違。」〔註17〕「大內的寧靜，不容侵犯，宮門附近列為禁地，不准百姓走近」〔註18〕。而遊人在紫禁城內漫步遊覽，無不為宮室庭苑的奢華和萬千氣象所懾服〔註19〕。由此可以演繹到明清帝國興盛的情形。

　　北京的另外價值是她也顯現出古代中國人對於土木工程、建築、城廓設計、藝術等文明的偉大成就。因之北京古城的存在對於研究中國的科技史、藝術史、建築史、明清史、文物制度史都大有助益。

　　又都城宮殿建物之名稱，常常出現於史書，自《史記》、《漢書》以下皆然。《明史》、《明實錄》、《東華錄》……，亦盡處皆有，勞榦先生說：

〔註15〕杜維運，《梅譯羅馬帝國衰亡史序》（台北：楓城出版社，1976年4月三版）。

〔註16〕今之西安城牆為唐哀帝天佑元年（904），駐防長安的佑國軍節度使韓建改築，為了便於防守放棄了原來的外廓城和宮城，只把皇城（即所謂「子城」，唐百官衙署所在），加以重新整修，此後從五代迄元，都沒大變化。明洪武三至十一年（1370～1378）增修加固並擴展東、北兩邊四分之一；西、南仍用唐代韓建舊址。

〔註17〕見 Anthony Lawrence，〈紫禁城舉世無雙〉（《讀者文摘》中文版，1975年6月號），頁58。

〔註18〕同註17。

〔註19〕同註17。

我們要研究古代的名物制度，最先一著就應當明瞭一切物件的布置，否則頭緒紛繁，無從著手。而與布置最有關的爲宮室制度，宮室制度不明，則不惟讀漢以前書往往陷於迷網，即讀漢人的書，讀六朝人的書，也不能瞭解生活的實際。〔註20〕

所以，可以說：「整座北京是一座活的中國歷史博物館。」

〔註20〕見勞榦，〈禮經制度與漢代宮室〉（載《國學季刊》六卷三期，1939 年 12 月）。

第二章　北京的地理形勢及沿革

第一節　北京的地理形勢

一、地　形

　　北京位於河北省的西北角，在內蒙古高原和華北平原的接觸地帶上，正確的位置在東經一百一十六度及北緯三十九度多的地方。

　　地勢西北高而東南低。西部和北部是連綿不斷的群山，東南部是一片緩緩向渤海傾斜的黃淮平原，人力和物力都很充足，它因依山近海，風光壯麗，氣勢雄偉磅礡。

　　西部山地，南起拒馬河，北至南口附近的關溝，總稱西山（或稱小五台山，是太行山的一支），是一系列東北——西南走向，大致平行排列的褶皺山脈，此山可為北京西邊屏障，又可以指揮西北。〔註1〕

　　北部山地統稱軍都山，屬燕山山脈，據高屋建瓴之勢〔註2〕，是一片鑲嵌著若干山間盆地的斷塊山地，北京地區山地一般在海拔一千到一千五百公尺左右，個別山峰可達二千公尺以上。

　　長城是拱衛北京的要地，由東北邊的山海關向西伸展經喜峰口、古北口到西北邊的居庸關。從居庸關長城分內外兩道。外長城北走內蒙古自治區南邊與河北省交界，到獨石口，再折向西南，向西入山西北境；內長城沿戰國

〔註1〕昔有〈詠太行險要〉之詩，詩云：「人見太行愁，我見太行喜，何以喜太行？家在太行裡。」

〔註2〕燕山形勢，蘇軾曾有詩云：「燕山如長蛇，千里限夷漢，首啣西山麓，尾掛東海峯。」

時代燕趙長城遺址，向西南延伸，沿河北和山西的邊境南下，經過紫荊關、倒馬關、龍泉關，到石太鐵路的井陘關和娘子關。長城的關隘是軍事和交通重地〔註3〕。北京雖不靠海，但距渤海岸只有一百四十多公里，遼東半島和山東半島像兩條粗壯的巨臂環抱渤海，又成為拱衛北京的海上屏障。

位於華北大平原北端的北京，山海環衛，形勢雄偉。優越的自然條件，使北京在三千年來，一直是重要的都邑。

二、河　流

北京的東西側各有一條自北而南的大河：西邊叫永定河，東邊叫潮白河。

永定河是流經北京附近的最大河流，在三家店以下進入平原，向東南流至天津入海河，北京城區就是建立在永定河沖積扇的背脊上；潮白河上游是潮河與白河，分別注入密雲水庫下游經潮白新河入海。

本區的永定河、潮白河、北運河、拒馬河和沟河均屬海河水系，北運河上游叫溫榆河，到通縣以下稱北運河。

三、名家眼光中的北京地略

金・梁襄有言：「燕都地處雄要，北倚山險，南壓區夏，若坐堂皇而俯視庭宇也，又居庸、古北、松亭諸關，東西千里，險峻相連，近在都畿，據守尤易。」〔註4〕元・木華黎亦曰：「幽燕之地，龍蟠虎踞，形勢雄偉，南控江淮，北連朔漠，駐蹕之所，非燕不可。」〔註5〕又元・虞集曰：「京師之東瀕海數千里，北極遼海，南連青齊，舊葦之場也。而海潮日至，淤為沃壤，宜用南人法築堤，捍水為田，召富民耕種，三年而征其稅，可以衛京師，可以防島夷，可以省海運矣！」〔註6〕以上說明了北京附近的地勢。

我們又再以史實來說明北京在中國戰略地位的重要。早在周初，即已為膏腴土壤，加上地形險要，唐代以後，中國政治、經濟、文化的重心東移，能控制北京者，必能取得節制中原之主動地位。顧祖禹說：

> 關山險峻，川澤流通，據天下之防，鉅勢強形號稱天府。召公初封

〔註3〕見郭嗣汾著，《細說錦繡中華》（台北：地球出版社，1975年2月出版），第十八章〈河北省，喜峯口與古北口〉，頁1015。

〔註4〕顧祖禹，《讀史方輿紀要》（台北：樂天出版社，1973年10月重印），卷十一。

〔註5〕同註4。

〔註6〕同註4。

於此，享祚八百年，闢國千餘里。自漢以後，幽燕皆為巨鎮。光武
資其兵力，克復漢祚。其後慕容雋竊據於此，遂兼河北。唐之中葉，
漁陽倡亂，藩鎮之患，實與唐室相終始。石晉以燕雲入契丹，出帝
之禍，不旋踵焉。宋爭燕雲而力不能保也。靖康之辱，復蹈石晉之
轍矣。自契丹、女眞以及蒙古，相繼都燕，而中原受控御者，垂數
百年。〔註7〕

蒙古退出中國後，回到大漠南北，其勢仍強，與明朝國祚相始終。所以，若
非明成祖之遷都北京，黃河之北之地恐早非明朝所有，近人黃郛說：

燕都逼近邊牆，首當其衝，宜若非所以妥至尊者成祖，獨毅然建北
京而定鼎焉，且就天壽山起明陵，以示子子孫孫永遠窀穸於茲土。
蓋嚴疆也，而視為全國首要之地，竭全力以副必守之決心，故終明
之世二百七十有七年，燕雲十六州不致蹈晉漢周宋之覆轍者，實成
祖之毅力使之。〔註8〕

四、西安與北京地略比較

中國歷代帝都，形勝以西安為最，次為北京。西安山河四塞，自成一地理
區，退可閉關自守，進可出關東控中原。惟腹地太小。渭河平原約二百公里，
長七十五公里，面積才一‧二三萬平方公里，可容納四、五百萬人口居住。

中國歷代敵人來自北邊、東邊，北京北有燕山、西北有太行山、東有渤
海，成為天然屏障。南邊有廣大的黃淮平原（面積三十一萬平方公里），做為
腹地。東北可與松遼平原（三十五萬平方公里）、西北與內蒙古就近連繫，又
離海不遠，與海外交通也很便利，堪稱近世、近代理想建都之地，一千多年
來，遼、金、元、明、清等朝代在此建都（自公元 938 年，遼定為陪都開始
起算），城市氣魄雄偉，為世界大城市所罕見。

第二節　北京之沿革

一、史前時代

北京附近歷史的發源很早，四、五十萬年前，北京人已在此區的房山縣

〔註 7〕同註4。
〔註 8〕黃郛撰，〈重修明長陵碑〉（載於《舊都文物略》，北平市政府，1935 年 11 月
　　　　出版），〈陵墓略〉，頁 3。

周口店住了三十萬年，另一萬八千年前的山頂洞人，也在周口店居住。

　　仰韶、龍山、夏家店型的文化遺址，在北京附近的昌平縣也常有發現，這些文化有製陶業和原始的農業和畜牧業。

二、商　代

　　商代中期的墓葬發現於平谷縣南邊的獨樂河，掘出青銅鼎、三羊銅罍、金耳環，表現出當時所具有的高度文化。

三、周　代

　　北京本身是一座古老的城市，它的歷史可以追溯到三千年前的西周初期（約公元前十二世紀），當時召公奭被封於北燕（河北地區），定都於薊〔註9〕，薊城就是今天的北京（今德勝門外西北四公里有「薊門煙樹」古蹟，是個樹林鬱蒼，景色宜人的勝地，爲燕京八景之一）。北京附近曾出土了不少匽（燕）侯的文物，1955年及1972年分別在廣安門外及宣武區各發現燕饕餮紋半瓦當。

　　到了戰國時代，薊城仍是七雄之一的燕國京城，又稱燕京，名稱留傳至今。北京著名的古蹟之一「燕台」，相傳就是當年燕昭王爲招納天下賢士而築的。同時「金台夕照」也是北京八景之一（每當夕陽西照，金光萬道，遠近一片樹木，非常壯麗，但這座台早已沒有了，「金台夕照」碑已倒在地上）。

薊門煙樹古蹟，爲燕京八景之一，古蹟今已不存，僅存石碑

〔註9〕1972年於北京房山縣琉璃河公社董家林村發現一座古城址，東西長八百五十公尺，南北寬六百公尺。學者們認爲董家林古城就是燕都薊城，這是迄今所知北京最早的城池。

四、秦漢時代

在古代，北京位於漢民族和北方、東北方各民族的接觸地帶，因此它是一個邊陲重鎮，周朝時也是各民族間經濟、文化交流頻繁的地方。秦代北京屬廣陽郡，治所設於薊城，從咸陽有一條北達碣石的馳道，通到薊城。西漢初年，實行郡國並行制度，這一帶也是屬燕國和廣陽郡，亦設治所於薊城，北京在漢代是防禦匈奴的重鎮，中期以後設置「右北平郡地」〔註10〕，現在的居庸關就是當年著名的薊門關，根據《史記》記載，薊城是渤、碣之間的一個都會，這裏建有萬載宮、光明殿等。（今清河鎮，還保存著城垣的廢土，是兩千年前的漢代古城廢墟）

五、三國晉隋唐時代

三國時代，曹魏的征北將軍劉靖引用永定河的水造戾陵堨，開車箱渠（《魏書·裴延儁傳》），是一件著名的灌漑工程。

後趙永寧元年（350）鮮卑族的前燕慕容儁率軍攻入薊城後，從龍城（今遼寧朝陽）遷都薊城。〔註11〕

隋代是「北平郡地」，隋煬帝攻高句麗，係以北京為根據地，同時大運河的終點也在北京附近。唐朝時代於此地設幽州，有高大堅實的城牆，南北七里，東西九里，周長三十二里，十二座城門〔註12〕「不窺天下之產自可封殖」，安祿山之亂時曾做為都城，建有宮殿，但為時很短，而這些宮殿也早已毀壞不存了。

六、遼的南京

十世紀時，隨著唐帝國的崩潰，在西遼河興起的契丹族乘機取得薊州（936 年由後晉石敬瑭割讓）。遼會同元年（938）定為陪都，改稱「南京」，置南京道，開泰元年（1012）改為燕京析津府，是為燕京得名由來（當時是屬於陪都的性質）。並建立了遼國。其城址在原外城（明清時代的城牆）的廣安門內，原宣武門外的法源寺（原名憫忠寺，係唐太宗為紀念進攻高句麗陣

〔註10〕見范功勤，《中華河山》（台北：正中書局，1971 年 11 月台初版），十三〈北禦匈奴拱衛中原的北京〉，頁 110；又右北平郡地遺址在今內蒙古自治區赤峰市寧城縣西南部山區，距小黑石文化遺址（西周晚期至春秋時期）只有 2.5公里。

〔註11〕《晉書·慕容儁載記》。

〔註12〕《元和郡縣志·補志》。

亡將士而建）是遼南京著名的大寺之一，位於當時遼南京的東南城角內，在遼朝五京中，燕京規模最大，城中街道筆直整齊，共分二十六個坊。方三十六里，有高三丈，寬一丈五的城垣，有八個城門。店舖和市集，在六街與北市。六街節日之夜，燈火同晝，遊人如織，熱鬧異常〔註13〕。遼的都城舊址，在現在外城西南部。現在宣武門外老牆根，就是遼城的北面。那是一塊長方形的城垣，南北較短，東西較長，面積和現在的南城差不多。每面各闢兩個城門：東方是東安、迎春，西方是清普，顯西，南方是丹鳳、開陽，北方是通天、拱辰。

遼金時代土城遺壁，土城址在現在北京市區的西南隅，此地爲遼
的南京，金的中都所在。

七、金的中都

金代也在這裡建都，天德三年（1151）擴建遼南京城，貞元元年（1153）金主海陵王亮從北宋河南汴京把原有的宮殿拆卸下來，重新建築，改稱「中都」，當時「運一木之費至二十萬，舉一車之力至五百人，宮殿皆飾以黃金五彩，一殿之成，以億萬計」。天德五年（1153）從上京會寧府遷都至此。它以遼城做爲宮城，增闢十二個城門，東邊是陽春、施仁、宣曜，南面是景風、端禮、豐宜、西側是麗澤、灝華、彰儀、北面是會城、崇智、通元，規模雄偉。中都的豪華宮殿有三十六座，城內有六十二個坊。中心部分的宮城，前有廣場、千步廊，兩側爲官署，西南爲園林、寺觀，東北爲商業區，城佔地約二十二平方公里，既繼承唐幽州、遼南京的城市建制，又汲取宋汴梁城

〔註13〕《遼史·地理志》。

的格局，建築豪華綺麗。中都宮殿毀於成吉思汗攻陷燕京之時。殘毀的金代宮殿遺址，明代初年猶存，嘉靖築外城（1554）後，遺址始漸漸湮滅〔註14〕〔註15〕。蒙古得燕以後，初稱燕京路，總管大興府。

八、元的大都

元代在遼金故城的東北方，建立了一座新都城，稱爲大都，大都始建於至元四年（1267），至元九年正式命名大都，至元二十一年大都城全部完成，格居宏大，規劃整齊，由劉秉忠設計，周圍六十里（二十八‧六公里）有十一個城門，呈長方形馬可孛羅（Marco polo）曾在《遊紀》中加敘述，元代與西方交通頻繁，大都聲名遠播，西方人稱之爲汗八里（Khanbalik）。皇城居南部中央。以太液池瓊華島爲全城中心，有宮城、隆福宮（皇太后正宮），興聖宮（皇太子正宮，至大元年 1308 年建），整座城佔地五十平方公里〔註16〕〔註17〕。今天的北京城就是元代大都發展起來的。

九、明清的北京

明太祖洪武元年（1368），明軍攻陷大都，元順帝北返蒙古。朱元璋建立了明朝，建都於南京，大都改稱北平。永樂元年（1403）明成祖又改北平爲北京順天府，改建元大都城，營造皇宮，於永樂十九年（1421），遷都北京，嘉靖時增築北京外城。清朝入關，定鼎中原，繼續在北京建都，北京城完全襲用明朝的體制，未有變革，城垣建築和明代一樣，城門名字也未改，但以內城爲「韃靼城」是滿人居住區，外城則爲漢人的居住區。

此時北京經清廷大力修整和擴建，宮殿、壇廟、園囿（三海），因此更爲宏偉精細，豪華絢麗。西郊更建有暢春園、圓明園、清漪園、靜宜園，到乾隆時期達於高峰。

〔註14〕金土城遺址在豐台區鳳凰嘴村一帶。城最高處約三公尺，斷斷續續，綿亘約百餘公尺。金天德三年（1151）至五年，海陵王完顏亮將舊燕京的東、西、南三牆向外擴展，其東北角在今宣武門內翠花街，西北角在今羊坊店東黃亭子，東南角在永定門車站以南四路通，西南角即今豐台區鳳凰嘴村。現存遺跡，即中都城西南角向東延伸部分。土城遺址南邊水渠，應是金代護城河遺跡。

〔註15〕奉寬，〈燕京故城考〉，《燕京學報》第五期。

〔註16〕陳高華，《元大都》，北京出版社，1982 年。

〔註17〕陳學霖（HOK-LAM CHAN），〈元大都城建造傳說探原〉（台北，《漢學研究》第五卷第一期）。

明清北京城示意圖

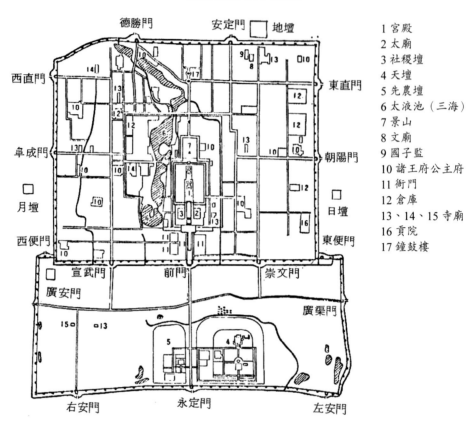

1 宮殿
2 太廟
3 社稷壇
4 天壇
5 先農壇
6 太液池（三海）
7 景山
8 文廟
9 國子監
10 諸王府公主府
11 衙門
12 倉庫
13、14、15 寺廟
16 貢院
17 鐘鼓樓

　　明清兩代，北京是中國第一大都市，同時也是世界最大的城市之一。明萬曆六年（1578），北京的人口爲七十萬六千八百人，清代中期以後當超過百萬。

　　清代的北京順天府下轄二州八縣。

　　民國肇建迄北伐之前，北京屢爲北洋軍閥所據。民國十七年（1928），北伐成功，改北京爲北平，所轄面積約七百平方公里，迄抗戰勝利，人口約一百九十萬。

　　1949年二月，共軍進入北平，並改稱爲北京，1988年面積爲一萬六千八百平方公里，轄有九縣十區。十區爲：市內東城、西城、崇文、宣武四區，市郊有朝陽、豐台、海淀、石景山、門頭溝、石油化工等六區。九縣是通縣、順義、昌平、大興、房山、平谷、懷柔、密雲、延慶等縣。城市建設用地有三百六十平方公里。

第三章　明代北京的營建與城市的佈局

第一節　明代北京的營建

　　北京的現在城市是明朝就元代的基礎，加以修改。洪武元年（元順帝至正二十八年，1368），明太祖派遣徐達爲元帥，常遇春爲先鋒，率領二十萬大軍北伐，直攻山東，轉入河南，（切斷後顧之憂），再攻大都，元順帝逃回蒙古，居住於應昌城（今內蒙古自治區赤峰市經棚縣，遺址仍存），燕京收復。至此於五代後晉石敬瑭割予契丹之燕雲十六州，再歷金、元，計脫離漢人控制四百三十二年之領域，終由漢族再度收回，此事由漢民族主義史家所樂道。

　　明軍攻下大都後，明太祖不在燕京繼續建都，太祖的根據地，及文武勳臣均出自江淮，因此建國都於南京，並以開封爲北京，另以故鄉鳳陽爲陪都。

　　洪武元年（1368），明太祖改大都路爲北平府，並遷徙北平平民到開封。北平府下設置六個衛，駐軍三萬人，以都督副使孫興祖、僉事華雲龍守北平。以北平北部，地多空曠，而城區太大，防衛線過長，因此將北牆南移二・五公里（偏北之東、西牆的光熙、肅清二門，因而被廢棄了，其餘九個城門，照元代原來的位置，不加更改）。〔註1〕

〔註 1〕　見明・陳循等撰，《寰宇通志》（台北：廣文書局影印，1968 年 10 月初版），
　　　　　卷一〈京師・城池都城〉。

　　新築的北平北牆取一直線，東西長一千八百九十丈（約爲五公里），同時指揮張煥並測量故元皇城，周圍約爲三‧五公里，並拆毀元故宮，指揮葉國珍也測量南城周圍約爲十五公里。〔註2〕

　　明太祖建都南京，去邊塞六七千里，退回蒙古的元室仍不時出沒塞下，因此太祖以諸王防禦於長城線。及惠帝即位，鎮守北平的燕王朱棣以「靖難」爲名，攻入南京，惠帝不知所蹤，燕王自立爲皇帝，是爲明成祖，並改元永樂。

　　北平是明成祖龍興肇跡的地方，永樂元年（1403）正月辛卯，以北平爲北京〔註3〕，二月庚戌改北平爲「順天府」，設北京留守、行後軍督都府、行部國子監，八月己巳發配流罪以下罪犯開墾北京農田，並遷徙直隸、蘇州等十郡，浙江等九省富民充實北京〔註4〕。二年（1404）九月丁卯，又遷徙山西居民一萬戶增加北京的人口〔註5〕。同時，沿桑乾河（今永定河）兩岸數十里（一華里約爲五百公尺），屯墾牧馬，並轉運江南糧秣軍需，源源北上，預爲建都物資作準備，從政治、經濟、軍事上，大大地增強北京的地位。

　　永樂四年（1406）閏七月，淇國公丘福等請建北京宮殿以備巡幸，成祖下詔準備建北京新宮殿及城垣〔註6〕，遂遣工部尚書宋禮詣四川，吏部右侍郎帥逵詣湖廣，戶部左侍郎古樸詣江西，右副都御史劉觀詣浙江，右僉都御史仲成詣山西，督軍民採木。人月給米五斗，鈔三錠。命泰寧侯陳銳、北京刑部侍郎張思恭督軍民匠造備磚瓦，造人月給米五斗。命工部徵天下諸色匠作，在京諸衛及河南、山東、陝西、山西都司，中都留守司，直隸各衛選軍士，河南、山東、陝西、山西等布政司，直隸、鳳陽、淮安、揚州、廬州、安慶、徐州、海州選民丁，期明年五月俱赴北京聽役，率半年更代，人月給米五斗，其徵發軍民之處一應差役及間辦銀課等項令停止。〔註7〕

〔註2〕　見《明太祖實錄》（台北：中研院史語所，1962年5月校印），卷三十四。

〔註3〕　《明太宗實錄》：「永樂元年正月辛卯，禮部尚書李至剛言：『自昔帝王平定天下，或由外藩入繼大統，于肇跡之地皆有陞崇。竊見北平布政司，實皇上承運興王之地，宜遵太祖高皇帝中都之制，立爲京都』。制曰，『可，其以北平爲北京』。」

〔註4〕　《明史》（台北：鼎文書局，1975年影印新校本），成祖紀。

〔註5〕　同註4。

〔註6〕　《明史‧地理志一》。

〔註7〕　孫承澤，《天府廣記》（台北：大立出版社影印，1980年11月），卷二十一。

創建北京今城的明成祖朱棣坐像（現藏台北，故宮博物院）

　　永樂七年（1409）六月，修安定門城池〔註8〕。十年（1412）五月，濬北京通流等四閘河道共一萬七千三百丈〔註9〕。十三年（1415）五月鑿清江浦（今江蘇淮安市清河區），通北京漕運〔註10〕。十五年（1417），建郊廟。〔註11〕

　　從永樂五年（1407）到十五年（1417），這十年是籌備期，北京的整體設計、建材的預貯，並預先做出大量的燙樣。

　　明宮殿木材取自浙江、江西、四川、雲南、貴州的森林（清宮木材大部分採自東北）。石料採於北京附近的房山縣及盤山。

〔註 8〕　《明太祖實錄》，卷五十八。

〔註 9〕　同註8。

〔註10〕　同註4。

〔註11〕　明·徐學聚編，《明典彙》（台北：台灣學生書局，1965 年元月重印），卷一九二。

　　城磚（城牆用的厚磚）和方磚（房屋內和廊子地面所鋪的）是在山東臨清燒造的。臨清磚官窰建於「明永樂初」，清代繼續使用，直到清代末年才停燒。〔註12〕

　　宮殿室內的金磚，則燒於蘇州、松江等七府，再用真金箔裹成。殿堂內的金鬃寶座與室內外的油畫貼金，也是用真金打造的，薄薄的箔頁多在江南加工而成。

　　宮殿屋頂用的琉璃瓦，燒於門頭溝，及海王村。其他如黑瓦燒於陶然亭；白灰燒於房山縣周口店和磁家務、順義縣的牛欄山、懷柔縣的石場以及山西地區。紅土子產於山東魯山，而在博山加工。大殿室內牆壁粉刷用的，近似杏黃色的包金土產於河北宣化北面的煙筒山。〔註13〕

　　永樂十四年（1416），成祖北巡北京，仍在舊宮（此應是永樂五年以後所築的臨時宮殿，以備北巡之用）聽政，十一月召集文武群臣商議營建正式宮殿。所謂正式宮殿，就是要符合「左宗（廟）右社（稷壇），前朝後寢，大朝、常朝、燕朝。」的禮制。

　　十五年（1417）正月起，由平江伯陳瑄督漕，運大木到北京，二月泰寧侯陳珪經畫工程，六月興工，經過三年的大規模施工，永樂十八年（1420）十二月落成。

　　這次參加營建的號稱十萬工匠與百萬民夫，又加上軍工調遣頻繁，實難精確統計，這些人冒寒暑、涉風霜，終歲供役，不得耕作，工大費繁〔註14〕幾達二十年。十萬工匠多是從各地甚至其他國家挑選來的能工巧匠。整個大工程從頭到尾經嚴格監督與興工，先是九年（1411）譚廣以大寧都指揮使督建北京〔註15〕，十五年（1417）薛祿以後軍都督監督北京營造〔註16〕，宦官阮安有巧思，奉命董建北京城池宮殿及百官府廨，目量意揣，悉中規制，工部受成而已〔註17〕，吳中勤敏多計算，先後在工部二十餘年，北京宮殿及長、獻、景三陵都是他營造的，負責盡職，規畫井然有序〔註18〕鄺埜奉命稽查建

〔註12〕清‧張度修，《臨清直隸州志》。
〔註13〕于倬雲，《紫禁城宮殿》（香港：商務印書館，1982年10月初版），〈紫禁城宮殿的營建及其藝術〉，頁22。
〔註14〕《明史‧鄺埜傳》。
〔註15〕《明史‧譚廣傳》。
〔註16〕《明史‧薛祿傳》。
〔註17〕《明史‧宦官傳》及《明史‧金英傳附錄》。
〔註18〕《明史‧吳中傳》。

新都的開銷是否有舞弊。〔註19〕

永樂四年至十八年，在營建北京宮殿建設的中途，還進行了兩大工程：

（一）七至十一年的長陵（明成祖陵，在北京市區西北約五十公里的
　　　昌平縣天壽山）。〔註20〕

（二）十四至十五年的西宮。西宮是西苑元代隆福宮的舊址。此地最初
　　　是做爲明成祖北巡時的臨時住居。後來西宮稱爲「西內」，每作爲
　　　禁錮失幸所形同冷宮，如漢王高煦、景泰帝、憲宗廢后吳氏，均
　　　曾囚禁於此。

另外，成祖又開挖太液地下海（即今北、中、南三海的南海），開闢街坊
道路，疏濬西湖至京的河道（今頤和園昆明湖流向北京市區的長河），修蓋營
房、倉庫等一系列的建築。

永樂十八年（1420）又將元代
大都城的南牆，南移一里（原元代
南牆部分在今日的東、西長安街的
南側），至今正陽門的位置。城制此
時已成爲明清北京內城的形態，也
就是現今北京二環地鐵線所圍繞的
區域。又建鐘樓〔註21〕及山川壇及
天壇。〔註22〕

這次皇工大役，自太廟、社稷
壇、天地、山川壇場、宮殿、皇太
孫宮（皇城東南）、十王府邸（東安
門外）等通，爲屋八千三百五十楹。
規畫設施之大，籌備久，財用耗費
之鉅已遠遠地超過了太祖兩次修建
南京宮殿與中都（今鳳陽）皇宮的建築局面。

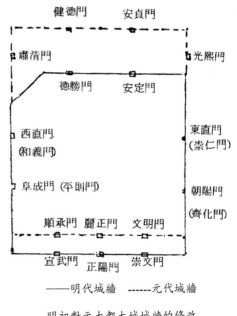

明初對元大城大城城牆的修改

〔註19〕《明史‧廊垐傳》。
〔註20〕謝敏聰，《中國歷代帝王陵寢考略》（台北：正中書局，1979年5月增訂再
　　　　版），頁167～168。
〔註21〕朱彝尊，《日下舊聞考》（台北：廣文書局，1968年7月初版），頁54。
〔註22〕孫承澤，《春明夢餘錄》（台北：台灣商務印書館影印四庫全書文淵閣本），卷
　　　　六。

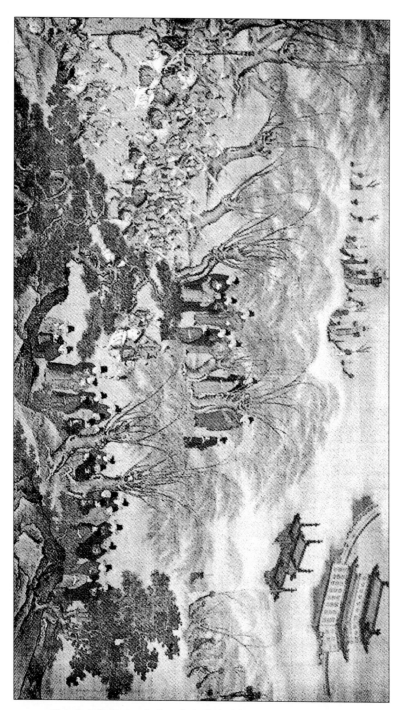

明人畫出警圖——文武百官出發圖（台北，故宮博物院藏）

明人畫入蹕圖——文武百官迎駕圖（台北，故宮博物院藏）

永樂十五到十八年（1417～1420），明成祖的北京工程陸續完成，到嘉靖三十二年（1553）以前，約略成為下面的形態：

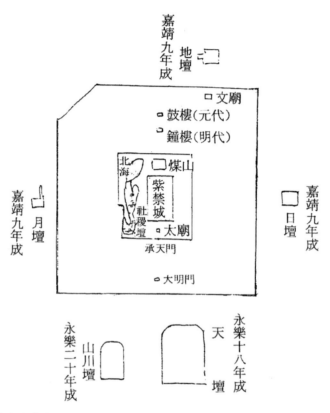

明成祖永樂十八年（1402）到嘉靖三十二年（1553）北京城的基本形態

紫禁城角樓及護城河

由北京城到頤和園的長河

宣武門箭樓（照片照於 1924 年以前）

　　正統七年（1442）四月，建宗人府、吏部、戶部、兵部、工部、鴻臚寺等、欽天監、太醫院於大明門之東，翰林院於長安左門之東。初，各衙門自永樂間皆因舊官舍爲之，散處無序。至是帝以宮殿成，命即其餘工以序營建，悉如南京之制。其地有民居妨礙者，悉徙之。

　　禮部先於宣德五年二月建於大明門之東，視南京加宏壯。是年夏建刑部、都察院、大理寺於宣武街西，詹事府於玉河東堤。又於通五府六部處作公生門。

　　是年七月，命於京師河西堤建房一百五十間，以館遇北，便臣。

　　八年（1443），建五府、通政司、錦衣衛於大明門之東，其他爲旗手衛公署，遷於通政司之後。〔註23〕

安定門箭樓

　　明洪武元年，八月丁丑，命指揮華雲龍經理故元都，新築城垣，南北取徑直，東西長一千八百九十丈，高三丈五尺五寸。至永樂十八年，遣營繕司郎中蔡信爲工部右侍郎，重修，益加宏壯。凡九門：南曰正陽，南之左曰崇文，右曰宣武，北之東曰安定，西曰德勝，東之北曰東直，南曰朝陽，西之北曰西直，南曰阜成。正統二年，命內臣阮安、都督同知沈清，少保工部尚書吳中，率軍夫數萬人修建京師九門城樓。初，京城因元舊，永樂年間雖略

〔註23〕孫承澤，《天府廣記》，卷四、卷二十一。

加改葺，然月城樓舖之制多未備，至是始命修之。安，交趾人，一名阿留，刻有〈營建記〉。至正統四年四月修造京師門樓城濠橋閘完。正陽門正樓一，月城中左右樓各一，崇文、宣武、朝陽、阜成、東直、西直、安定、德勝八門，各正樓一，月城樓一。各門外立碑樓，城西隅立角樓，又深其濠，兩涯悉甃以磚石。九門舊有木橋悉撤之，易以石，兩橋之間各有水閘。濠水自城西北隅環城而東，歷九橋九閘，從城東南隅流至大通橋而去。自正統二年正月興工，至是始畢，煥然金湯鞏固，足以聳萬年之瞻矣。至十年，又以內面用土恐易頹毀，乃命成國公朱勇甓之，與外面等。

朝陽門城樓和箭樓

阜城門箭樓

東直門城樓

以上為內城興築之經過，從成祖永樂年間，北京城為囗形制。

北京南面外城建於嘉靖三十二年（1553）。先是，二十一年（1542）七月，邊報日至，御史焦璉等請修關廂堡壍以固防守。都御史毛伯溫等復言：古者有城必有郭，城以衛民，郭以衛城，常也。若城外居民尚多，則有重城。凡重地皆然，京師尤重。太祖定鼎金陵，既建內城，復設羅城於外。成祖遷都金台，當時內城足居，所以外城未立。今城外之民殆倍城中，宜築外城，包羅既廣，控制更雄。且郊壇盡收其中，不勝大幸〔註 24〕。從之，下戶、工二部議覆。以給事中劉養直言時尚匱乏，諫止。至二十九年（1550），兵事益急，議築正陽、崇文、宣武三關廂外城不果。三十二年正月，給事中朱伯宸復申其說，謂嘗履行四郊，咸有土城故址，環繞如規，周可百二十餘里。若仍其舊貫，增卑培薄，補缺續斷，事半功倍，良為便計。通政使趙文華亦以為言。上問嚴嵩，力贊之。因命平江伯陳珪、等與欽天監官同閣臣相度形勢，擇日興工。復以西南地勢低下，土脈流沙，難於施工，上命先作南面併力堅築，刻期報完。其東西北三邊，俟再計度。於是年十月工完，計長二十八里。命正陽門外曰永定、崇文門外曰左安，宣武門外曰右安，大通橋門曰廣渠，彰義街門曰廣寧〔註 25〕。自此歷清代至 1949 年，北京城牆未再

〔註24〕孫承澤，《春明夢餘錄》，卷三〈御史毛伯溫言〉。
〔註25〕同註23。

增建。

內外兩城，計垛口二萬零七百七十二，垛下砲眼共一萬二千六百有二。整座北京城成為凸形制。

護城河，其源出昌平州白浮村神仙泉，通榆河會一畝、馬眼諸泉匯為七里濼，東流環繞都城，曰玉河。由大通橋而下，至通州高麗莊入白河，與盧溝河合。長一百六十餘里。元都水監郭守敬所鑿，賜名通惠河，又名大通河，即潞河也。又西山玉泉從水關經越橋，俗謂銀錠橋，流入西苑，遶宮禁，自玉河橋出，入城河，合流至大通橋入漕。玉河橋凡三：一跨長安東街，一跨文德坊街，一近城垣。〔註26〕

第二節　明清北京的佈局

牆（Wall）是組成中國城市不可或缺的因素，不但大城有城牆圍繞，每一座城市中重要的整體建築與空間，也是由其各個分隔的牆垣所圍繞組成的，由此一整體建築為基礎，再連結其它建築進而組成一座有大城圍城的城市。〔註27〕

城牆與城門的存在，通常是做為國家「法律與秩序」的象徵要比純軍事目的來得多（雖然在有動亂的時候，這些工事也派得上用場），而城門早啟晚閉的做法卻持續到二十世紀。〔註28〕

1920 年代，一位在北京的美國人寫了一封家書，他說：「北京給人的第一印象，就是除了牆以外，還是牆。」

他又說：「北京城（筆者按係只指內城）原稱韃靼城（Tartar City），被一道四十一尺高（約四層樓高），牆基部份厚達六十尺（二十公尺，中國舊制一里約五百六十公尺，即約一千八百尺），頂端也有五十尺厚，長度共達十五公里的巨牆團團圍住，僅留九個大城門為出入口，由衛兵仔細地把守著，每晚九時所有城門關閉，除了持有通行證，任何人不許出入。在這韃靼城內的「皇城」（Imperial City）又被一座二十五尺高的牆圍住，在皇城內又有個紫禁

〔註26〕同註23。

〔註27〕謝敏聰、宋肅懿編譯，Andrew Boyd 原著，《中國古建築與都市》（台北：南天書局有限公司，1987 年 2 月初版），第三章〈中國的都市景觀與其設計原理〉，頁 55。

〔註28〕謝敏聰、宋肅懿編譯，《中國古建築與都市》，頁 59。

城（The Forbidden City），那是皇帝及其家人的居所，也是被一道圍牆及一條壕溝（護城河，Moat）所圍繞。〔註 29〕

在韃靼城以南是北京的中國城（Chinese City），與韃靼城一樣也是被一道高牆所環繞。並且城內每戶人家也都是被圍在一條十五尺到二十尺的土石牆後面，所以你走在街上向住宅區看過去所能看見的只是兩道高牆中的一條小巷弄而已」。〔註 30〕

中國不存在不帶城牆的城市，北京的城牆厚重是全國第一的，幅員廣闊，沉穩雄勁，有一種高屋建瓴，睥睨四鄰的氣派。這是它古樸與緜延不絕的外觀。

雪中的明清北京大城城牆

〔註29〕 牛嫂譯，〈六十三年前一個在北京的美國人所寫的奇妙的一封信〉（載台北，《中國時報》，1988 年 10 月 13 日）。

〔註30〕 同註 29。

　　北京的城牆是世界上一個特殊的城。在各國的都城，比他大的當然有幾處，但沒有這樣整整齊齊的城牆。中國的城，雖然都有城牆，但是沒有這樣高大，有一處或兩處比北京略大，如南京等處，但沒有這樣四方四角的方正，街道更沒有這樣的平直及寬闊，建設沒有這樣的完備，地基也沒有這樣平坦。

　　中國有兩千多座城，即各省、府、州、縣都有城牆（但 1950～1962 年，北京城牆拆除後，大陸各地掀起了拆牆熱，所餘有城牆的城市不多，如西安城牆、開封城牆、南京城牆、山西平遙縣城牆、遼寧興城城牆、宛平縣城牆），而中國的城，以北京最為方正，北京的內城是四方四角，南牆三個門，其餘三牆，各有兩門，距離都是一樣，只有西北角是略缺，乃風水的關係〔註 31〕。後來又添築外城，亦極方正，南牆三門，東、西各一，北牆左、右各一，全國之城，沒有可與此比擬的。〔註 32〕

　　北京城牆已拆除，筆者曾為此事感傷多時，久久不能自己。但清末以還，外人及本國人多有在北京城牆攝影，今從《攝影中國》、《舊都文物略》、《舊京返照集》（出版年月詳參考書目），及其他諸家零星拍攝眾多照片一窺梗概，甚作標本復原並無太大困難。北京城在 1949 年以前，保存得還算齊全。全國之城，大致多有損壞。有的年久失修，又經硝鹼侵蝕，全部倒塌，或局部毀壞的，有的實施城市建設特別拆除的，有的為內戰及抗日戰爭砲火毀壞的，但像北京在民國三十年代，還保持如此完整的，實不多見。老北京們一定都記憶還深。

　　先以形勢而論，在地圖上看，內城高聳，外城扁方，看來宛如一頂巍峨的高冠。無論內城或外城，都在這四四方方的輪廓中，街道直，方向正，易於尋找，不虞迷途，這是當年北京街道的一大特色〔註 33〕。這種筆直街道在現代新建城市並不足為奇，但是五、六百年以前的舊城，而能劃得這樣整齊的，以北京為最，內城建築較早，固都是直的街道，外城乃後來補築，亦多直街，無論內外城，倘有一街巷，則必特加一斜字，標名曰某斜街，內城如

〔註31〕京城的西北角被認為最缺乏陽光的地方，因而截開一大片方塊地。
　　　　太陽直射赤道，最遠直射到北回歸線，緯度較高而坐北朝南的北京城，太陽永遠在南，即向陽。早上在東南，下午在西南。到西南時已近黃昏。
〔註32〕齊如山，《北京》（台北：正中書局，1957 年 5 月台初版），伍〈北京街道與管理〉，頁 25。
〔註33〕包緝庭，〈北京的城門〉（載台北，《中國時報》，1975 年 10 月 19 日）。

東西斜街，外城如櫻桃斜街，比比皆是。〔註34〕

　　街道的寬闊，可以並行十輛汽車，如朝陽門大街、東直門大街。另有一些大街原先寬闊經幾百年的功夫，屢經商家佔據，街道便越窄，如前門外大街。〔註35〕

一、城垣的重大的攻防記錄

　　歷史上北京的城垣與城牆上或內外有過不少重要的攻防戰爭，如明正統十四年（1449）瓦剌進圍北京，無功而還；明末崇禎二年（1629）後金兵圍北京，後撤去；崇禎十七年（1644）李自成攻陷北京；同年清兵進北京城；清咸豐十年（1860）英法聯軍攻陷北京；光緒二十六年（1900）八國聯軍進入北京；民國初年，軍閥政權更迭；抗日戰爭時（1937），日軍進入北平；民國三十四年（1945），北平由日本手中光復；1949 年 2 月，共軍進入北平。

二、內城城垣狀況

　　北京內城城牆是城內規模最巨大的建築物，為正方形，周圍四十里（二十公里），高約十公尺，非常動人心魄，雄偉壯觀，幅員遼闊，沈穩雄勁，有一種高屋建瓴、睥睨四鄰的氣派。整座城牆保持統一風格，為灰色表面，外觀古樸，綿延不絕。城牆每隔一定距離便築有大小不盡相等的堅固墩台，從而使城牆外表的變化節奏變得鮮明。城牆內表，在各段城牆的銜接處極不平整，多處又受到樹根和水流的侵害而變得凹凸不平，故其變化顯得較為迂緩和不大規則。這種緩慢的節奏在接近城門時突然加快，並在城門處達到頂峰。

　　雙重城樓昂然聳立於綿延的垛牆之上，其中較大的城樓像一座築於高大城台上的殿閣。

　　城堡般的巨大角樓，成為全部城牆建築系列的巍峨壯觀的終點。

　　遠眺城牆，它們宛如一條連綿不絕的長城，其中點綴著座座挺立的城樓。

　　城牆的城根處，有的有林立煤棧和各種倉庫，也有其間延亙著楊柳蔽岸的城壕或運河，或者在城壕與城牆之間栽著椿樹和槐樹。

　　北京內城為長達十四哩的磚砌長幅畫卷。中國各種文獻所記載的城牆高

〔註34〕同註32。
〔註35〕齊如山，前引書，頁 26。

度和厚度也互不一致，因爲城牆情況各處差異很大〔註36〕。《順天府志》載：下石上磚，共高三丈五尺五寸。堞高五尺八寸，址厚六丈二尺，頂闊五丈。設門九，門樓如之，角樓四。城垛一百七十二，旗砲房九所，堆撥房一百三十五所，儲火藥房九十六所。雉堞一萬一千三十八，砲窗一萬二千一百有八。〔註37〕

　　要準確指出城牆高度是不可能的，因爲每隔幾步高度就發生變化，這不僅由於城牆多有頹敗和修補之處，而且由於靠近牆根的地面也發生了很多變化。〔註38〕

　　城牆外表係以磚包甃，但是不僅僅一層，而是由好幾層構成，有的多達七、八層，是用灰泥砌成，磚砌得不很規則。

　　至於城牆的磚砌內壁，是一段一段銜接起來的，各段的修築年代、實質和作法均有不同。可以根據鑲嵌在牆上的興工題記碑來確定。

三、內城城門

　　北京的城門，內九外七，均由門樓及甕城〔註39〕組成。

　　北京內城的南牆是京城的門戶地帶，擁有最大的交通中心和商業中心，聳立著三座雄偉城門，正門爲正陽門，比其他兩門高大得多。正陽門以前僅供皇帝出入，其餘的人只能從東西兩側的甕城門出入。正陽門至大明門御道兩旁，商販雲集，百貨陳列。

　　正陽門，又稱前門。南垣正中大門，位於皇宮正前方，其宏麗的規模，使之成爲北京最重要的具有歷史價值的巨大建築之一。初建於明永樂十九年（1421），明正統二至四年（1437～1439）改建，建築高大精美，飛檐三重，閣樓二層，面闊七間，通高四十二公尺，金碧輝煌，端正宏麗。城外有甕城及箭樓，箭樓重檐歇山頂，四層箭窗計八十二個城台上有漢白玉雕欄環繞，

〔註36〕許永全譯，〔瑞典〕奧斯伍爾德・喜仁龍（Osvald Sirén）著，《北京的城牆和城門》（北京：燕山出版社初版，1985年8月），第三章〈北京內城牆垣〉，頁35。

〔註37〕清・繆荃孫等纂，《順天府志》（光緒年刊本），〈京師志〉。

〔註38〕許永全譯，前引書，頁36。

〔註39〕甕城正對城門的城牆上，有一座和城門大小差不多的前樓，是向外射擊的堡壘；甕城或左或右，各開一門，做爲內外交通的孔道，甕城還有城門、城樓，而且在緊貼著甕城城門，還設立一面和門洞大小一般的「千斤閘」，平時絞升城樓上，戰時用絞車放下，正好護著城門。

既雄偉又秀麗。清乾隆四十五年（1780）和道光二十九年（1849）箭樓兩度毀於火，隨即修復。光緒二十六年（1900），城樓被八國聯軍所毀，箭樓也遭火焚，後按原狀重修。

下列為明人楊文貞對正陽門的描述：

> 正統四年，重作北京城之九門成。崇台傑宇，巍巍宏壯。環城之池，既浚既築，堤堅水深，澄潔如鏡，煥然一新。耆耋聚觀，忻悅嗟嘆，以為前所未有，蓋京師之偉望，萬年之盛致也。於是少師建安楊公，少保南郡楊公偕學士諸公，以暇日登正陽門之樓，縱覽焉。高山長川之環固，平原廣甸之衍迤，泰壇清廟之崇嚴，宮觀樓臺之壯麗，官府居民之鱗次，廛市衢道之夆布，朝覲會同之麕至，車騎往來之夆集，粲然明雲霞，瀚然含煙霧，四顧畢得之。〔註40〕

南牆東門為崇文門，又習用元代的名稱為哈達門，又稱「景門」，意即光明、昌盛之門；此門人人可過，皇帝有時也幸臨此門。清代在此設關卡，所得關稅供作宮中的后妃化粧品的費用。同時也是與蒙古貿易的中心地。

正陽門，明清北京南牆中門，高大偉麗全國第一

〔註40〕間引自清・孫承澤，《天府廣記》所收（台北：大立出版社影印，1980 年 11 月），楊文貞〈士奇紀略〉。

崇文門，城樓規模雄偉，金碧輝煌，令人賞心悅目，惟已全部拆除

　　南牆西門為宣武門，又稱順治門，被視為不幸和枯竭之門，是清代死刑犯經過此門後，被拉至刑場砍頭，故此門亦叫死門。民初，送喪行列仍多經此門。

　　此南三門是節制內、外城之間交通量的閘門。它們屬於城與城之間的城門，不具備作為各郊區進城入口的特點。在1924年以前因雙軌鐵路貫穿哈德門甕城並繞順治門甕城而過，兩門箭樓拆毀無餘。

　　北京內城北牆，僅闢兩門，無中門，與南門二門位置完全不對應。北門歷來被視為北京最重要的防禦城門，對京城的攻擊一般是從這個方向發動的，北門軍用物質的運輸也最為頻繁。

　　北牆西門——德勝門，意為以品德取勝，亦稱「修門」（裝飾之門），又有得勝之意，清朝軍隊從這裡凱旋歸來。德勝門，建於明正統四年（1439），清乾隆時重修，城樓在1969年地下鐵道施工時拆除，僅存箭樓和甕城部分垣牆。箭樓在城樓前沿，建在磚砌的城台上，為城樓的防禦性建築。面闊七間，灰筒瓦綠剪邊重檐歇山頂，內鋪樓板三層。兩檐間和東、西、北三牆上，開有方形箭窗八十二個。南面出抱廈五間，抱廈南面有三座大門通向城台頂部。是北京內城九門中僅存的一座早期箭樓。

　　安定門，又稱「生門」（意即豐裕之門），皇帝每年經此門赴地壇祈禱豐年。清朝皇帝的軍隊，皆自此門出征，去「安遠定亂」。城內外觀氣勢雄健。

德勝門，此門因形制特殊，未被拆除

德勝門水關內的石雕——鎮水獸

　　東垣二門，東垣的護城河（或運河）對於運送大米具有重要意義，這些大米是市民的主食，東牆下有很多食庫，現仍有北新倉、海運倉、北門倉、東門倉、北倉、南門倉等胡同名字〔註41〕。東直門，亦有「商門」（交易之門）之稱，平民在此從事日常買賣，皇帝從不涉足此門。朝陽門，俗稱齊化門。

〔註41〕侯榕生，《又見北京》（台北：時報出版公司，1981 年 8 月初版），〈通縣〉，頁114。

常稱「杜門」（休憩之門），即由通州沿通惠河到北京最近的城角（當年南酒、南糧由運河運到通州上岸，再由通惠河轉運北京）。朝陽門壁上原刻有麥穗的形狀。〔註42〕

西垣二門，阜成門，又稱平則門，意為安寧和公正之門，據云，附近居民常被皇帝詔令驚擾，故亦有「驚門」之稱。甕城場地大部分被煤棧和缸瓦舖所占，城門內壁刻有梅花，梅與煤同音，所以在北京用作燃料的煤——也是石灰，便從西山經過此門運進城內。西直門又稱「開門」，即開放之門，意即喻曉之門，表示充分領悟皇帝詔令的英明，皇帝往圓明園或頤和園經此門，然後坐船沿長河到園。

在內城的東南角和西南角各建一座角樓，現僅存東南城角角樓，在現火車站東南，建國門南側。地跨東城、崇文、朝陽三區。樓平面成矩尺形，凸出於城牆轉角處。灰筒瓦綠剪邊重檐歇山頂，轉角處正脊相交，外飾以寶頂，內檐鋪設樓板三層，有木樓梯相通。樓建於磚石台基上，內側西南兩面各開一門，通向城牆頂上，外側兩檐間和四邊牆上開有一百四十四個箭窗。

清康熙年間，因人口過少，下諭「盛世滋生人丁永不加賦」，咸豐年間洪楊戰役，軍費浩繁，清室恪於祖訓，永不加人丁稅，於是城門成為徵稅的關卡，即所謂釐金制度，民初北京政府仍之，而外國挾不平等條約做保護而暢行無阻，久而久之影響民族工業之發展，到北伐完成後，始廢城門之釐金制度。

四、內城城垣的駐防

清朝，城牆駐防係由八旗分掌，各旗的旗幟懸掛在高聳的旗杆上。

　　正黃旗居德勝門內，鑲黃旗居安定門內；

　　正白旗居東直門內，鑲白旗居朝陽門內；

　　正紅旗居西直門內，鑲紅旗居阜成門內；

　　正藍旗居崇文門內，鑲藍旗居宣武門內。〔註43〕

北牆在象徵土的黃色庇護之下；西牆在象徵金的白色庇護下；東牆受象徵火的紅色庇護；南牆則在象徵水的藍色保護之下。土、金、火、水是保衛城市的四種最基本城分，另外，也有使四旗互相牽制之意，以防某一旗叛亂或控

〔註42〕同註41。

〔註43〕同註37。

制全城。〔註44〕

五、內城的管理

　　在清代，北京內城歸旗人管理，外城歸御史管理。清初到北京，佔據內城，所駐都是旗人，漢人中之工商人等，尚可在偏僻地方居住，若稍有地位或知識的人則不准，但漢人中的大臣，若經皇帝特賞，乃可在內城居住。內城完全是旗人的地界，因此西洋人稱爲滿州城。管地面之堂官，名曰「步軍統領」，通稱「九門提督」，下邊又分左右兩翼，名曰左右翼總兵，一駐東城，一駐西城。一切治安民事訴訟等等，都歸他們管理。各大街每段都有官廳，高級者名曰協尉官廳，每一胡同中，都有一間房，此名曰「堆子」，爲兵丁所住，遇胡同中有竊盜、火災、鬥毆等等的事情，都歸他們管；完結不了，便到廳上；再完不了，便到協尉官廳；倘步軍統領衙門再不了結，則歸大理院或刑部。每日步軍統領或左右總兵，乘軍到各大街巡查兩次，各官廳官員，到時都在各該廳門口站班等候，清末創辦巡警後，治安權就歸巡警了。〔註45〕

內城西南角樓

〔註44〕許永全譯，前引書，頁41～42。
〔註45〕齊如山，前引書，頁31。

永定門城樓和箭樓，永定門是北京七‧八公里中軸線的起點

六、外城與外城的管理

外城是橫的長方形又叫外羅城，在內城的南面，環抱內城東西角樓，計長二十八里（十四公里）。高二丈，有永定、左安（俗稱疆察門）、右安、廣渠（俗稱沙窩門）、廣安（俗稱彰儀門）、東便、西便等七個城門。所以北平內外城計有「內九外七」十六個城門。

外城的城門，比內城門小得多，計南三門，東一門、西一門，東北角和西北角與內城相接的兩側短牆又有各一門。

西便門，系西垣北門，城樓大小如下：樓寬十一‧二公尺，深五‧五公尺，樓高五‧二公尺，通高十一‧二公尺。屋架僅一排柱，每邊四根，附立於牆內，屋梁為二根，既無斗栱，亦無檐柱。〔註46〕

〔1988年3月19日聯合報東京18日電〕據來自北京的報導，北京城西南僅存的一段明代內城城牆——西便門古城牆，目前正在修護。這段城牆始建於1419年，現存部分長一百九十公尺，底寬十九公尺，上寬十六公尺，高十三公尺。這段城牆地處內城牆與外城牆的交接處。北京市政府計畫，在內城與外城的交接處興建一城樓，內設小型文物陳列室；交接處周圍挖一個約六百平方公尺的下沈式廣場，使被埋的城牆下部暴露出來，以便人們看到城牆的真實高度。

甕城內極小，僅寬三十公尺、深七‧五公尺，尚能容下一棵蔥郁的樹木

〔註46〕許永全譯，前引書，第八章〈北京外城城門〉，頁162～167。

和一間小哨所。這種樹俗稱「洋槐」，凡甕城中都可以見到；它枝葉茂盛，濃蔭覆蓋了一半空地，小哨所則占據了另一半空地。甕城垣牆凸凹不平，殘破不堪，大部分似爲明代中期所築，很多磚文上有嘉靖三十九年印文，但數處曾經後代修補。甕城外壁爲乾隆時重修。箭樓城洞，從外向裡爲方形、平頂，由內向外則爲拱形；大門也與城洞中較寬較高的內券相配合，既可嚴密關閉，也可在開啓時絲毫不妨礙出入。城門微凸出於甕城牆垣，上緣施有一道牆實線。城台上即爲小城樓，樓兩側爲垛口。全樓僅寬九公尺、深四‧六公尺，樓高四‧七公尺，通高十‧五公尺。箭樓結構與門樓相同，也是一排小型柱，砌於磚牆內（正面和背面各有四根柱子），正面和側面開有兩層箭窗。這些箭窗與用磚包甃的城牆，比門樓更令人矚目，但箭樓太小，簡直與下面的寬大拱門——整個城門中唯一的巨大部分——不大相稱。

東便門，系東垣北門，與西便門是姐妹門，不時可以看到一些人挑著長扁擔，兩頭懸著搖動的筐子，從城門穿過，但人力車和大車卻很罕見。城外是東河的起點（此河是北京——天津大運河的最重要運輸線）。

廣渠門又稱沙窩門，是北京最冷清的城門，位於外城北部一片相當荒涼的地區。

廣安門，原名廣寧門，因避清道光帝諱故改名，只外城西垣城門。

右安門，又稱南西門。

左安門，又稱江擦門。

永定門是外城最大、最重要的城門，位於南垣中央，是從前門一直延伸下來的大街終點。這條大街兩旁有很多土產商店，南段兩側是天壇（東側）和先農壇（西側）的圍牆。

外城歸御史管理，由都察院奏派，名曰「巡城御史」，共分五城。東城、西城、南城、北城、中城，每城兩位御史，一正一副。辦公的衙門曰「城上」，下級的辦公處，名曰「坊上」，一切治安訴訟等事，都歸管理；若捉拿賊盜等等，則另有營汛。巡城御史，每日巡街兩次。巡街時都乘騾車，前頭有頂馬，再前則差役四人，二人持板，二人持鞭，一邊走一邊喊，說巡城老爺過來了。這種御史權勢極大，倘街上有人不規則，或不服指教，便可按在車前街上，打一頓屁股板子。戲館子中演戲時，倘他認爲有不合法之處，立刻便可命令停演封門。巡城御史這種組織，是全國最簡的組織，別的地方關於訴訟事，是分三四層，例如內城之廳中到步軍統領衙門之後，再不能了

結，才到刑部，各省亦是知縣、知府、按察使、總督、才到刑部，此處則巡城御史審不完，一直就到刑部，中間只一層。

光緒末年創辦警察，所有內，外城的治安就全歸警察了。

七、皇城城牆

皇城城牆遠不如大城城牆與紫禁城城牆，與其說是城牆，倒不如只稱它為皇牆就夠了，寬度大約只有內外大城城牆的五分之一，高度約四公尺，城牆上有瓦頂，大概沒人在上行走。

皇城外圍牆三千二百二十五丈九尺四寸，其門凡六：

> 大明門，此為皇城之外門，清代改為大清門，民國元年（1912）改為中華門。

> 長安左門，橫過東長安街。

> 長安右門，橫過西長安街。

以上三門在天安門前的宮廷廣場上。

> 天安門（皇城南門）

> 東安門（皇城東門）

> 西安門（皇城西門）

> 北安門（皇城北門），俗呼厚載門，又稱後門，而與前門相對稱呼。

> 順治九年（1652）改名地安門。

皇城周圍十八里（東西二‧五公里，南北三公里），為長方形，但地缺西南一角。牆內包括全部的紫禁城，及紫禁城外的一些建築，如：

> 南：社稷壇、太廟

> 北：煤（景山）

> 東：皇史宬

> 西：三海（北海、中海、南海）

明永樂十四年（1416），車駕巡幸北京，因議營建宮城，初燕邸因元故宮，即今之西苑，開朝門於前，元人重佛，朝門外有大慈恩寺，即清代之射所，東為灰廠，中有夾道，故皇牆西南一角獨缺。〔註47〕

〔註47〕孫承澤，《春明夢餘錄》，卷六。

地安門夜景，明朝此門叫北安門

由景山北望鼓樓，前方巨大屋簷為景山下的壽皇殿

第三節 城垣內外的皇室附屬建築

　　煤山 是明清北京城的最高點，山高四十三公尺。方圓二百四十多畝。
金朝大定年間（1161～1189）在此附近建造大寧宮，開鑿西華潭（今北海），
曾在此堆過一些土，元世祖忽必烈於此開闢「後苑」，稱此山為青山。

　　明永樂年間重建北京城，曾先後將沈渣土和挖筒子河（紫禁城的護城河）
的泥土運卸在「青山」上，又叫萬歲山。明末，李自成攻陷北京，崇禎皇帝
在此小山的東麓自縊。

　　清順治十二年（1655）改名景山，取自《詩·殷武》：「陟彼景山，松柏
丸丸」。景山後的壽皇殿，制仿太廟，是大行皇帝停靈的地方，到奉安時才移
往山陵，殿裏又尊藏「列聖御容」（即清朝各帝的遺像）。

景山公園

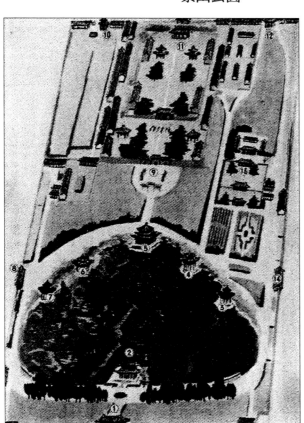

① 景山大門
② 綺望樓
③ 觀妙亭
④ 周賞亭
⑤ 萬春亭
⑥ 富覽亭
⑦ 輯芳亭
⑧ 景山西門
⑨ 北京市少年宮
⑩ 興慶閣
⑪ 壽皇殿
⑫ 集祥閣
⑬ 觀德殿
⑭ 景山東門

　　明代皇城內，紫禁城東，分別爲內府諸衙署、重華宮、南內、皇史宬地。今僅存皇史宬清代此段有民居。

　　皇史宬　又名表章庫，在南池子大街南口東邊。建於明嘉靖十三年（1534）。全部爲磚石結構，面積二千平方公尺。主要建築有皇史宬門、正殿、東西配殿、御碑亭等，其外圍以朱牆。正殿建在高大的石台基上，繞以漢白玉石護欄，面闊九間，黃琉璃筒瓦廡殿頂，拱券式無樑建築，門設兩重。室內有高大的石須彌座，上置雲龍紋鍍金銅皮樟木櫃一百五十二個。山牆上有對開的窗，以便空氣對流。其結構具有防火、防潮和避免蟲咬鼠傷的特點。

　　大高玄殿　在北京西城區景山前街，故宮神武門西北，座北朝南，前臨筒子河。始建於明嘉靖二十一年（1542）。萬曆二十八年（1600）、清雍正八年（1730）嘉慶二十三年（1818）以及民國以後曾多次重修。總面積約一萬

三千平方公尺，成南北向長方形，正面有兩重綠琉璃仿木結構券洞式三座門，門後為過廳式的大高玄門。大高玄門前原有旗杆（現僅存石座），後有鐘鼓樓。大高玄殿為正殿，面闊七間，重檐黃琉璃筒瓦廡殿頂前有月台，左右配殿各五間；後殿名「九天應元雷壇」，面闊五門，兩旁配殿各九間。最後是一座兩層樓閣，上為乾元閣，圓形，藍琉璃筒瓦攢尖頂，四周有廊；下為坤貞宇，方形，黃琉璃筒瓦頂。殿為明清兩代的皇家道廟，清代因避聖祖玄燁之諱，文獻中常寫成「大高元殿」。建築精巧，布局嚴謹，氣勢雄偉。

北海 在北京西城區故宮和景山的西北，面積七十多公頃（水域四十公頃）是中國現存歷史悠久、規模宏偉的一處古代帝王宮苑，距今已有八百多年歷史。十世紀初，因北海有山有水，環境優美，遼朝的皇帝乃以此建築園林，作為遊樂場所，金滅遼，建中都，即在此建基礎上大興土木，營建精美的離宮別館、亭台水榭，並命名大寧宮。十三世紀元朝皇帝建大都，宮殿建築以瓊華島海子為中心，建成一座帝都皇室的禁苑。北海中心的山稱「萬壽山」（亦名「萬歲山」），水域改稱太液池，山頂和山腰興建廣寒、仁智等宮殿。明清兩代這裡仍是宮廷內苑，明時在太液池北岸修築五龍亭，清順治八年（1651）又在廣寒殿舊址建造白塔，並將島南部宮殿改建為永安寺。乾隆時除在瓊華島四側建亭榭樓台外，又在北岸修建了先蠶壇、闡福寺、鏡心齋等，在東岸修建濠濮澗、畫舫齋等。具備了今天北海的規模。北海全國佈局以瓊島為中心，南面寺院依山勢排列，直達山麓岸邊的牌坊，一橋橫跨，與團城的承光殿氣勢連貫，遙相呼應。北面山頂至山麓，亭閣樓榭隱現於幽邃的山石之間，穿插交錯，富於變化。山下為傍水環島而建的半圓形游廊，東接倚晴樓，西連分涼閣，曲折巧妙而饒有意趣。北海的佈局雖受江南園林的影響，但仍保持北方園林端重的特點。

中南海 在北京西城區。著名「三海」的一部分。中海開闊於金元時，南海創建於明初，清代與北海統稱為西海子，列為禁苑。園內美麗的湖面和殿閣樓台，錯落其間，在建築上具有特殊風格，前人讚美曰：「裴翠層樓浮樹杪，芙蓉小殿出波心」。

都城建置以宮殿為最基本，而城垣係保護官殿不可或缺之物，如西漢建都長安，先有宮殿，漢惠帝時再築長安城。而鐘鼓樓、壇廟、園囿、國子監、郊外的離宮、陵寢，係宮殿與城垣之附屬物，但也為連結大城整體建築的一部分，也是皇室生活或儀式所需。

由北海望景山

北海瓊華島，可見喇嘛白塔

　　鐘樓與鼓樓　舊北京城有一條以紫禁城爲中心的南北向中軸線，由南端永定門起，經前門、天安門、午門，穿故宮，越景山，止於鐘樓，全長七‧八公里。鐘樓和鼓樓位於城北。明、清時，北城居民密集，市面繁榮，又有什剎海等可以遊覽的公共場所，因而成爲京師勝地。鐘鼓樓舊時爲全城報時中心，在鐘錶沒有普遍應用以前，「暮鼓晨鐘」悠揚而宏廣的聲音，使全城有

序可循。

鐘樓 在鼓樓北約一百多公尺處，這裡原是元代萬寧寺的中心閣舊址，明永樂十八年（1420）改建爲鐘樓，遭火災後，於清乾隆十年（1745）重建，全部用磚石建成，不用一木，爲古代都城的重要建築。樓高三十三公尺，灰牆綠瓦，下面台基四邊都有券門洞，台上鐘亭四邊也有券門。鐘亭內原有一口大鐵鐘，後改鑄爲銅鐘，高六‧六公尺，重四十二噸，聲音更加宏亮，現在鐵鐘還放在鼓樓的後面。

鼓樓 初建於元至元九年（1272），原名齊政樓，爲元大都的中心。明永樂十八年在其東重建，清嘉慶五年（1800）重修。樓下爲四公尺高的磚台，東西長五十五‧六公尺，南北寬約三十公尺，南北各有三個券門洞，東西各有一道券門，台上爲五開間重檐城樓，台四周圍以短牆，紅牆綠瓦，矗立街心。樓內原有古代計時器——銅壺滴漏四座，製作精巧，相傳爲宋代遺物，明末清初時已經無存。樓上原有更鼓二十四面，現僅存一面，鼓面很大，上面有刀痕一處，爲八國聯軍所破壞。

堂子 在長安左門外，玉河橋東，光緒二十六年（1900）後移建於皇城內東南隅，清時每年元旦天子親祭，凡國家有征討大事必親祭告。

天壇 在北京崇文區正陽門外，永定門內大街路東，創建於明永樂十八年（1420）名天地壇，嘉靖九年（1530）因立四郊分祀之制，於嘉靖十三年改稱天壇。清乾隆、光緒時都曾重修改建。爲明清兩代帝王祭天祈穀之處。有垣牆兩重，形成內外壇，壇牆南方北圓，象徵天圓地方。天壇是圜丘、祈穀兩壇的總稱。主要建築在內壇，圜丘壇在南、祈穀壇在北，二壇同在一條南北軸線上，中間有牆相隔。外壇東、南、北三牆原制天門，西牆上有兩座門；北爲祈穀壇門，南爲乾隆十七年（1752）增建的圜丘壇門。內壇牆共有六座門：祈穀壇有東、西、北三座天門（又稱磚門），圜丘壇有泰元、昭亨、廣利三門。兩壇之間的隔牆上有兩門：成貞門和其西邊的琉璃門。圜丘壇內主要建築有圜丘壇、皇穹宇等，祈穀壇內主要建築有祈年殿、皇乾殿、祈年門等，內壇西牆有齋宮，外壇西牆內有神樂署（原有犧牲所、鐘樓等，已無存），天壇佔地約二百七十萬平方公尺，是中國現存最大的古代祭祀性建築群，也是世界建築藝術的珍貴遺產。1860年英法聯軍和1900年八國聯軍入侵，天壇被佔，破壞嚴重。1913年曾給外國人遊覽，1918年才正式開放。現爲天壇公園。

先農壇 在北京宣武區永定門大街西。祭祀先農神的建築群。建於明嘉

靖年間。壇爲磚石砌成，壇面鋪磚，方形一層，長寬各約十五公尺，高一·
五公尺，四邊出陛各八級。壇北有正殿五間，供奉先農神牌位，東房爲神庫，
西房爲神廚，西北爲宰牲亭，神庫和神廚之南各有井亭一座。本世紀初北洋
軍閥政府拆除北部外壇牆，破壞林木，先農壇一度改爲城南公園，三十年代
初東南角闢爲體育場，北部則成爲市場及街道。祭祀先農的壇，只是其中之
一。南部原爲明永樂十八年（1420）所建的山川壇，嘉靖九年（1530）改建
爲天神、地祇二壇，祭祀雲雨風雷、五嶽五鎭五陵、四海四瀆以及京畿山川
與天下名山大川的神祇。現存主要建築有先農壇、觀耕台、神倉、太歲殿、
慶成宮等。

　　地壇　又名方澤壇。在北京東城區安定門外路東。明嘉靖九年（1530）
建，清代屢經重修。壇北向，漢白玉築二層方台。壇南有皇祇室五間，供奉
皇地祇神牌位，外壇（壇外的矮圍牆）之西有神庫、神廚、祭器庫、樂器庫
各五間，再西有宰牲亭，南北有齋宮，壇下四周爲方澤水池。是明清兩代祭
祀皇地祇神的處所，每年夏至日出時行祭禮。1925 年闢爲京兆公園，現名地
壇公園。〔註48〕

地壇中的方澤壇，是地壇的拜壇

　　日壇　又名朝日壇。在北京朝陽區朝陽門外東南。原爲明錦衣衛蕭瑛
地，明嘉靖九年（1530）圈建。壇白石砌成，一層方台。壇面明代爲紅琉璃
以象微太陽，清代改爲方磚磚砌。壇西向，四周有壝牆（矮圍牆），正西有白
石欏星門三座，其餘三邊各一座。西門外有燎爐瘞池。東爲神庫、神廚、宰

〔註48〕王仲奮，《地壇》（中國旅遊出版社，未登錄出版日期）。

牲亭、鐘樓等（鐘樓已坍塌拆除）；南為具服殿，清乾隆七年（1742）改建於壇西北角。日壇是明清兩代祭祀大明之神（太陽）的處所，每年春分日出時（寅時）行祭禮。

月壇　又名夕月壇。在北京西城區阜成門外南禮土路西。明嘉靖九年（1530）建。壇東向，白石砌成，一屋方台，壇牆（矮圍牆）四邊各有櫺星門一座。東門外為塵池，東北為具服殿，南門外為神庫，西南為宰牲亭、神廚、祭器庫，北門外為鐘樓。月壇為明清兩代祭夜明之神（月亮）的處所，每年秋分亥時行祭禮，配祀二十八宿、木火土金水五星及周天星辰。

蠶壇　天子祭先農於南郊，皇后祭先蠶於宮城西北，壇廟規模小，但典禮很隆重。皇后親自採桑，親自餵蠶、繅絲，其儀注與皇帝躬耕，同樣地鄭重舉行。

國子監　在北京東城區安定門內成賢街。元明清三代的國家最高學府。創建於元大德十年（1306），明初稱「北平郡學」，永樂二年（1404）夏，改為國子監。建築坐北朝南，中軸線上分布有集賢門、太學門、辟雍、彝倫堂、敬一亭等。集賢門是正門，太學門是二門，門內的辟雍為國子監全部建築的中心，與北面的彝倫堂形成院落。其東西兩側的配廡構成四廳六堂：東為典簿廳、繩愆廳、率性堂、誠心堂、崇智堂；西為典籍廳、博士廳、修道堂、正義堂、廣業堂。彝倫堂後的敬一亭，建於明嘉靖七年（1528），是國子監祭酒（最高領導人）的辦公處。國子監培養國內各民族的人才，接待各國留學生，對中華民族的團結與中外文化的交流，曾起一定的促進作用。

辟雍　在國子監的中心。清乾隆四十九年（1784）修建。為重簷黃瓦四角攢尖頂的方殿，座落在有白石護欄的圓形水池中央。水池四周有四座石橋（圓橋），構成所謂「辟雍泮水」。辟雍是清代皇帝來國子監講學的地方。

孔廟　在北京東城區安定門內的成賢街。元、明、清三代祭祝孔子的地方。元大德六年（1302）創建，明永樂九年（1411）重建，宣德、嘉靖、萬曆年間曾分別修繕大殿，添建崇聖祠，並將殿頂換成青色琉璃瓦。清順治、雍正、乾隆年間重修，並將崇聖祠換成綠琉璃瓦外，各殿全部換成黃琉璃瓦。光緒三十年（1904）升孔子為大祀，將正殿（大成殿）擴建。正門名「先師門」，雖歷經重修，但其斗栱形式，仍保存元代風格。門內院落三進，中軸線上的建築，依次為大成門、大成殿、崇聖門及崇聖祠。先師門前有嵌琉璃磚影壁一座，門內東為神廚、省牲亭、井亭，西有神庫、持敬門、致齋所等。院

內有碑亭三座，東一西二。大成門面闊五間，爲通向大殿的過道門。大成殿爲孔廟的正殿，面闊九間，進深五間，前有月台，四周有石護欄，是祭孔的場所。殿前左右有碑亭十一座，兩側有東西配廡，放置眾祀牌位。院內古柏成林。殿後有一獨立院落，即崇聖祠。清末每年二月和八月的丁日在此舉行祭禮，名曰「祭丁」；舊曆八月二十七日爲孔子誕辰，舉行祭孔儀式。〔註49〕

第四節 城 坊

清代北京街衢坊巷，大者率承明舊，清制析五城，爲八坊。隸中城曰中西坊、中東坊。隸東城曰朝陽坊、崇南坊。隸南城曰東南坊、正東坊。隸西城曰關外坊、宣南坊。隸北城曰靈椿坊、曰日南坊。五城各設正、副指揮以巡城御史統之。而皇城禁內不與焉，又內城兼屬於步軍統領，清朝入關於內城分列八旗，各設都統屬以參領、佐領管轄，已如前述，至清末警廳成立前，制悉廢，警廳下分割若干區，民國十七年重行劃定內城爲六區，外城爲五區，各設警署。〔註50〕

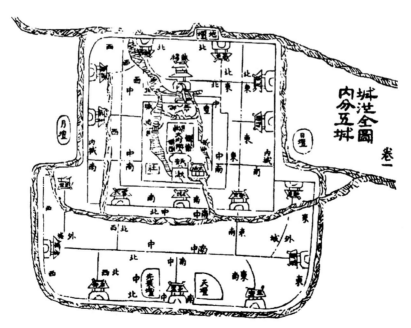

北京古地圖，城分五城八坊

〔註49〕齊心，《北京孔廟》（北京：文物出版社，1983年3月初版）。
〔註50〕湯用彬編，《舊都文物略‧坊巷略》。

　　北京現在的街道，沿清末以來的格局，馬路街道拓寬，東西長安街成為世界上最寬最長的街道。城區較熱鬧的地方，仍為王府井大街、正陽門到崇文門一帶。市區交通規劃分一環（環舊皇城）、二環（環舊內城，城牆已拆，建有地下鐵）、三環、四環……。

第四章　紫禁城的沿革

第一節　明代北京紫禁城的藍圖

　　紫禁城是明清兩代皇帝所居住的宮城，原指明太祖朱元璋在南京所修造的皇宮。〔註1〕

　　中國有三座紫禁城，它們分別是：（一）南京明故宮、（二）鳳陽紫禁城、（三）北京紫禁城。

　　以時間而言，南京建築最早，鳳陽次之，北京最晚，以華麗而論，北京為最，南京、鳳陽使用短暫，而且早已成為廢墟，唯獨北京保存完整，而歷代的正式宮殿也只有北京這一座完整保留下來，雖然瀋陽仍然有滿清入關以前的皇宮，但是當時清人的中華體制未備，建築多有滿族色彩，格局與進關後的北京故宮相去甚達；熱河行宮規模很大，但為行宮性質，所保存建築物亦僅存十分之一。園囿、行宮多用道家思想，不拘禮的；而正式的宮殿全用儒家思想，是倫理、次序的。

　　北京紫禁城是研究中國傳統宮城制度，唯一現存的實例，但北京故宮是以南京及鳳陽的皇宮為祖型。

一、南京明故宮

　　北京紫禁城「悉如金陵之制，而宏敞過之」。〔註2〕

〔註1〕《明史・地理志》，卷一。
〔註2〕清・孫承澤，《春明夢餘錄》，卷六。

　　明太祖朱元璋於元至正二十六年（1366），拓應天府城，命劉基卜地作新宮於舊城（舊城爲十世紀初期五代十國時期吳國條築的金陵城）東鍾山之陽。第二年，吳元年（1367）九月，圜丘、方丘、社稷、太廟、宮室、皇全部完工。這就是吳王新宮。洪武元年（1368）正月，朱元璋即皇帝位，國號明，自南台舊內，遷入新宮。

　　南京紫禁城，係塡燕雀湖而築起來的。始建時，營造官署所進圖案，太祖盡刪去雕琢奇麗的部份。

南京明紫禁城示意圖

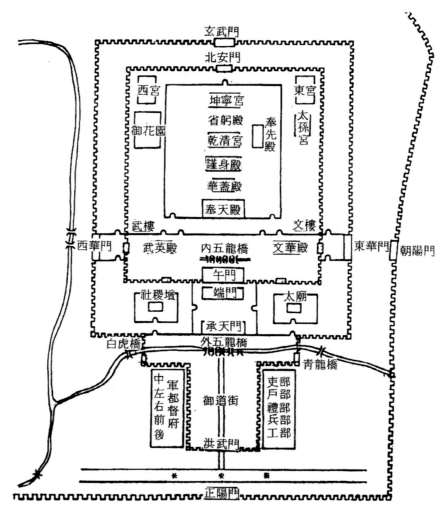

（圖表取自沈嘉榮〈龍蟠虎踞石頭城——南京〉，收入《中國歷代都城宮苑》一書）

　　新內正殿名稱是奉天殿，殿前爲奉天門，殿的後面有華蓋殿，華蓋殿的後面有謹身殿，殿的兩翼都有廊廡。奉天殿的左、右各建有樓閣，左稱爲文樓，右稱爲武樓。謹身殿的後面爲內宮，前爲乾清宮，後爲坤寧宮、六宮依次序陳列。

　　紫禁城外又圍上一層皇城，藉以鞏固。紫禁城有四座城門，南爲午門，東爲東華門，西爲西華門，北爲玄武門。初建時南京紫禁城的建築很樸素，不尙華麗，不大加雕刻裝飾。〔註3〕

　　登極前一月，太祖先御新宮以即位，祭告上帝。從洪武元年（1368）開始，逐步改建大內，其間並參考鳳陽明中都的城市規劃和建築設計，到洪武十年（1377）十月大內宮殿改建完成，規模宏偉。此次改作的項目有：午門添上兩觀，中闢三門，東、西闢建左、右掖門；奉天門的左、右，建東、西角門，奉天殿的左、右建有中左、中右二門，兩廡之間原有的文、武樓也加以整修；奉天門外兩廡則設左順、右順二門，及文華、武英兩殿。

　　至二十五年（1392），又改建大內金水橋，建端門、建承天門樓各五間，及長安東、西二門。而西宮是皇帝燕居的地方。〔註4〕

　　南京皇城（含紫禁城），完整的規制：

　　正南爲洪武門（今原址已圮，被誤爲正陽門），東南爲長安左門、西南門爲長安右門（其外均爲長安街）。往北向東有東華門，西有西華門，正北則稱爲北安門，俗稱厚載門（原址已無存），這就是「外圍六門」。

　　宮門南向第一重門，稱爲承天門，門內東有太廟，西有社稷壇。第二重門爲端門，端門北有左、右闕門，古稱「象魏」。第三重門爲午門，午門以內爲大內，由魏闕中分，東有左掖門，西有右掖門，轉而向東的稱爲東安門（原址無存），向西的稱作西安門（現誤稱爲西華門），正北有玄武門。這以上就是「內圍六門」。

　　午門前後有護城河兩道，在河上各有橋五座，稱「內五龍橋」、「外五龍橋」，在東長安門外的稱「青龍橋」，在西長安門外的稱「白虎橋」，以象徵天津（銀河的渡口）的橫貫。

　　午門以內，第一道門是奉天門，左有東角門，右有西角門，門上都有樓閣。東角的南邊有左順門，西角的南邊有右順門。

〔註3〕《明太祖實錄》，卷二十五；又見《春明夢餘錄》，卷六。
〔註4〕清・王棠，《知新錄》，卷十二，引朱國楨曰。

明故宮午門址（南京）

明故宮內社稷壇遺址（南京）

左順門的面有文淵閣，再東有文華殿；右順門的西邊有武英殿。

奉天門之內，居中南向的是正殿——奉天殿，殿旁左廡向西邊的稱爲文樓，右廡向東邊的稱爲武樓。

與奉天殿南北連屬的穿堂之上有滲金頂的殿宇是華蓋殿，殿旁東有中左門，西有中右門，再往北有謹身殿。謹身殿後，居中南向的爲乾清宮的內門，門外左、右各有金獅一頭，乾清門內丹陛數重的是乾清宮大殿。宮左有日精門，宮右有月華門，殿的東西有斜廊，廊的後面左有東暖閣，右有西暖閣，都是南向。

乾清宮再往北穿堂居中的圓殿是交泰殿，殿爲滲金圓頂，如同華蓋殿樣式。再北爲坤寧宮，是皇后所居的宮殿。坤寧宮有二座別殿，即柔儀、春和

二別殿。

　　則太子講學處則稱大本堂，疑在文華殿的側面。

　　上述是南京「前朝後寢」宮城的大概情形。

　　明代南京宮城氣氛，今可由《南都繁會圖卷》一畫看出：「大小文武官員下馬的石碑已出現眼前，它警告著人們前面就是森嚴的紫禁城了，皇宮的城牆，已隱約出現在眼前，那片都市熱鬧吵雜之聲慢慢消失了。金碧輝煌，高低起伏，層連不斷的樓閣台榭，半隱半現．內廷的門前手持各種武器的近衛親軍由立左右，但一片片的雲彩摭住了我們的視線。」〔註5〕

　　南京紫禁城爲長方形，城外有護城河圍繞，爲此後北京明清宮殿之藍本。

　　明成祖遷都北京後，南京故宮保持原有建制，以皇族重臣駐守，時加修復。崇禎十七年（1644）明福王朱由崧即位於此。清嘉慶年間，明故宮爲清將駐節處，又稱駐防城。咸豐三年（1853）大部建築毀於太平天國之役。〔註6〕

　　現存遺跡有外、內五龍橋、御河一段與午門城基。橋無欄板、僅有石劵。午門門樓已佚，城中有門劵五道，其須彌座之石刻基本保持完整。現已闢爲公園。

明故宮後載門（南京）

〔註 5〕　王宏鈞、劉仲如，〈明代後期南京城市經濟的繁榮和社會生活的變化——明人繪《南都繁會圖卷》的初步研究〉，《中國歷史博物館館刊》，1979 年第一期。
〔註 6〕　易家勝，《南京文物與古跡》（北京：文物出版社，1982 年 8 月一版），〈明故宮〉，頁31。

明故宮西安門（南京）

二、鳳陽紫禁城

洪武二年（1369）九月，明太祖正式下詔以臨濠（今安徽省鳳陽縣淮河中、下游）為中都，置留守司，「命有司建置城池宮闕，如京師制焉」。這是明太祖大致統一全國，建都南京之後，在當時人煙稀少、田地荒蕪的故鄉所精心營建的陪都。這個陪都周長五十里（南京七十六里；北京內城四十里，如加上外城為六十八里），有九個城門。〔註7〕

從洪武二年到洪武八年（1375），工程進行了六年〔註8〕，「民以百萬之眾，終歲在官供役」，「造作（之費）以萬萬計」，各種建築的宏偉、華麗的程度，都不下於當時的南北兩京。但終因臣民的反對，在「今功將完成」的情況下，被迫停工了。

中都原有紫禁城、皇城、中都三道城，一如南京與北京。紫禁城正南是午門，北為玄武門，東稱東華門，西稱西華門〔註9〕。中都宮闕位於臨濠府城（今安徽鳳陽縣臨淮關東端）西南二十里鳳凰山的正南方，在平緩的坡地上「席山建殿」，使宮城高亢向陽，又「枕山築城」，讓皇城禁垣蜿蜒直上〔註10〕，有如漢之未央宮與唐之大明宮宮城均依高昂之龍首原。

中都宮殿、門闕的設計，和名稱都相沿未改。甚至宮城內的金水河道也完全按照南京的樣子開挖。南京的金水河道，是按地勢最低下的原燕雀湖的西岸邊緣疏浚而成的，受自然地形的約束，沒有別的更為理想的排水通道，

〔註7〕《明史·地理志》。
〔註8〕《明太祖實錄》，卷四十五、卷九十九。
〔註9〕《明史·地理志》。
〔註10〕袁文新，《鳳陽新書》，卷三十一。

中都金水河道，原可以隨心規劃，但卻將南京全照搬過來，北京也是如此。

　　元大都皇城前沒有東西向的大街，南京皇城前也沒有，只有明中都皇城前有雲霽街橫貫於皇城前。因此北京的東西長安街出現是受明中都影響。元大都南牆位置即今東西長安街〔註11〕。中都城和皇城兩道在乾隆時拆除，移修鳳陽府城。目前僅存內裡的紫禁城和一些遺址。惟中都大城及皇城基址仍清晰可辨。

明中都皇城遺址（安徽省鳳陽縣）

　　殘存的城門、城牆、門樓佈局雄偉。城磚的地名磚，已發現的有四省、十五府、四十縣。

　　紫禁城午門等處的漢白玉石須彌座上，精刻了優美生動的浮雕，綿延四百多公尺。巨大的蟠龍石礎有二百七十平方厘米，刻工精細，形象生動。

　　中都都城宮殿，繼承了宋元時代的傳統，又開創了明清時代的新風格。明成祖建北京城時曾參考中都的都市計畫，鳳陽的規制與北京紫禁城相近。

第二節　北京紫禁城的沿革

　　北京紫禁城佔地七十二萬平方多公尺（一百七十八英畝），建築面積約十五萬平方公尺，殿宇巍峨，宮闕重疊，畫棟雕樑，氣象萬千。始籌建於明成祖永樂四年（1406）〔註12〕，動用十萬名工匠，一百萬名民伕。木料由遙遠的西南各省（四川、廣東、雲南、貴州）及湖廣（湖北、湖南）、江西、山西、

〔註11〕王劍英，〈明初營建中都及其對改建南京和營建北京的影響〉（載《歷史地理》第三輯）。

〔註12〕《明史·地理志一》。

浙江等森林砍伐運來。城磚和牆磚都在山東臨清燒的，宮殿內的方磚稱為「金磚」燒於蘇州，都是用運糧船運到北京。

石塊則採於北京附近的房山縣及盤山，沿途掘井（每隔一里左右有一井），以便冬日在路上澆水結冰，用平底船載運巨大石塊在冰上滑行。〔註13〕

根據明·賀仲軾《冬官記事》載：嘉靖時，「三殿中道階級大石長三丈，闊一丈，厚四尺，派順天府等八府民夫二萬，造旱船拽運，……計二十八日到京，官民之費，總計銀十一萬兩有奇」。現在保和殿後御道上的一塊大石雕，重約二百五十噸（長十六·五七公尺、高寬三·〇七公尺、厚一·七公尺），可能是這類大石之一。此石雕乾隆二十六年復刻。

永樂十四年（1416）八月建西宮。先是初成祖至北京，仍御舊宮，至是，乃命作西宮，為視朝之所，中為奉天殿，殿之側為左右兩殿，奉天殿之南為午門，午門之南為承天門，奉天殿之北有後殿，有涼殿、煖殿及仁壽、景福、仁和、萬春、永壽、長春等宮。〔註14〕

永樂十四年以前，北京宮殿之改築，均是備巡幸而已，十四年既決意遷都，十一月詔文武群臣集議營建北京〔註15〕，十五年（1417）正月，由平江伯陳瑄督漕，運木赴北京〔註16〕，二月，由泰寧侯陳珪督工建造，陳珪的「經畫」有條理，但實際管工的為成祖的親信太監阮安和工部尚書吳中〔註17〕。四月，西宮落成〔註18〕。並改建皇城，「初燕邸因元故宮，即今之西苑，開朝

〔註13〕見《明史·成祖紀》；Anthony Lawrence，〈紫禁城舉世無雙〉（《讀者文摘》中文版，1975年6月號），頁60。

〔註14〕明·徐學聚編，《明典彙》（台北：學生書局，1965年1月重印），卷一九二。成祖初封於燕（北平）以元故宮為燕王府（見《古今圖書集成職方典》），其地即今之西苑（北海、中海等地，南海明代開鑿），靖難後，就西苑亦建奉天諸殿（見《明通鑑》，卷十五，紀十五：永樂八年（1410）車駕至北京，御奉天殿受朝賀），以備北巡朝儀之用。十五年改建大內於東，去舊宮可一里許，悉如南京制，而宏敞過之，即今之三殿正朝大內也。作西宮與議營北京同時。南京、北京西宮、北京紫禁城的大朝殿皆曰奉天殿。《天府廣記》，卷二十一：「永樂十五年（1417）四月，西宮成。其制中為奉天殿，殿之側為左右二殿，奉天殿之南為奉天門，左右為東西角門，奉天門之南為午門，午門之南為承天門（天安門），奉天殿之北有後殿、涼殿、暖殿及仁壽、景福、仁和、萬春、永壽、長春等宮，凡為屋千六百三十餘楹。」

〔註15〕《明史，成祖紀》。

〔註16〕《明史，成祖紀》。

〔註17〕《明史，成祖紀》、《明史·陳珪傳》。

〔註18〕《明史，成祖紀》。

門於前，……至十五年改建皇城於東，去舊宮可一里許，悉如金陵之制，而宏敞過之。」〔註19〕至永樂十九年（1421）正月告成，宮城周六里一十六步，亦曰紫禁城。門八：正南第一重曰承天，第二重曰端門，第三重曰午門，東曰東華，西曰西華，北曰玄武。宮城之外爲皇城，周一十八里有奇，正南曰大明，東曰東安，西曰西安，北曰北安，大明門東轉曰長安左，西轉曰長安右。〔註20〕

遠望紫禁城，照片最南端在中軸線上爲端門（紫禁城前門），其北有雙闕者爲午門，依次可見太和門、太和殿。

北京宮殿告成，同時大運河的疏濬於永樂十九年完工，成祖遷都計劃實現。但御新殿甫百日，奉天、華蓋、謹身三殿同於十九年四月初八日被火焚，燒得很徹底，成祖勤於北征，不敢再事營建，權以奉天門爲聽政之所。明仁宗即位，沿舊制不改。他本擬復都南京（因成祖自永樂七年（1409）後，三幸北京，五次親征漠北，十餘年間多居北方，僅留太子留守南京監國。因此仁宗居南京二十年，他自然念著興王之地）。但在位僅一年，復都南京之詔方下，即駕崩。〔註21〕

〔註19〕《春明夢餘錄》，卷六。

〔註20〕《明史・地理志》。現在的紫禁城有南北各九百六十公尺，東西各七百六十公尺，高約十公尺，底寬八公尺，上寬六・五公尺的城牆圍繞著，護城河稱爲筒子河，寬五十公尺，城牆四維有角樓，角樓造法大致相同，各有一個用九根大樑，十八根支柱（即所謂的九樑十八柱），七十二根桁條構成的鎏金屋頂，精巧玲瓏甚爲美觀。

〔註21〕見華繪，〈明代定都南北兩京的經過〉（載《禹貢半月刊》第二卷第十期，

　　明宣宗君臣銳意文治，更不注意到復都問題，直到明英宗初年，還是相沿舊制，稱北京為「行在」，奉天門聽政也是照舊。至正統四年（1439）十二月乙亥朔，始命工部尚書吳中督工修建乾清宮。二月庚辰，各命各監局及輪班匠三萬餘人又操軍三萬六千人營建宮殿仍由吳中提督。五年（1440）三月戊申，重建奉天、華蓋、謹身三殿，乾清、坤寧二宮命駙馬都尉西寧侯宋瑛等告天地、太廟、社稷及司工之神。至六年（1441）十一月朔，三殿二宮告成，計役官軍匠作人等七萬，歷時不及二年便已畢工，實因木植及各物料俱舊所積貯，故不致曠時費事。新宮殿落成，照例是詔告中外，大赦天下，同時廢北京各衙門「行在」二字，南京各衙門則增「南京」二字，改給兩文武衙門新印〔註22〕。成祖之後十餘年沒有解決的國都問題，至此才得確定。

　　明清歷代帝王為了增建宮殿，曾屢向各省廣徵財貨，以資挹注。明武宗在正德九年（1514），動用一萬民伏與士卒十萬〔註23〕重修內廷兩座宮殿。木料磚瓦由地方官府供應。明世宗嘉靖三十六年（1557），又斥銀九十萬兩修繕塔樓與通往宮廷的大門，紫禁城於是更為輝煌壯麗，氣象萬千〔註24〕。在嘉靖年間，也更換很多宮殿名稱〔註25〕。萬曆三十七年（1609）重修三大殿，僅採木一項就費銀九百三十餘萬兩，約合當時八百萬窮人一年的口糧（一根較大的木料，當時值四、五千兩銀子）。天啟五年（1625）至七年三殿的修造亦花將近六百萬兩。

　　明代紫禁城大小宮殿在火災之下，屢毀屢建，趙翼對這個專題有研究，茲引自嘉靖三十六年以後迄明亡的情形。至於嘉靖三十六年以前已於前述及。

> 嘉靖三十六年，三殿又災。四十一年（1562）九月，三殿告成改奉天曰皇極，華蓋曰中極，謹身曰建極。萬曆二十四年（1596），乾清、坤寧兩宮災。二十五年（1597），皇極、中極、建極三殿災。三十年（1602），重建乾清、坤寧二宮。三十二年（1604）三月，乾清

　　　　1935 年 2 月）。
〔註22〕同註 20。
〔註23〕《明武宗實錄》，卷一一九：「（正德九年）十二月甲寅，重建乾清、坤寧二宮，起用軍校力士十萬。」又《廿二史箚記》：「正德九年正月，乾清宮災，遣使採木於湖廣，因工作大加天下賦一百萬。」
〔註24〕Anthony Lawrence，前引文，頁 6。
〔註25〕《明典彙》，卷一九二：「（嘉靖三十七年）重建奉天門成，更名大朝門。」《明世宗實錄》，卷五一三：「（嘉靖四十一年）九月，三殿成，改奉天曰皇極，華蓋曰中極，謹身曰建極。」

宮成。天啓六年（1626）九月，皇極殿成。七年（1627）八月，中

極、建極殿成。崇禎十七年（1644）四月二十九日，宮殿又爲流賊

李自成所毀。統計明代北京三殿兩宮。各四次被災。〔註26〕

明代宮苑，大內規制宏麗，崇樓疊閣，摩天連雲，殿樓亭閣門等，多達七百

八十六座，宮殿有高達九層，基址牆垣俱用臨清磚，木料俱用楠木。宮女超

過九千人，內監達十萬人，宮中脂粉錢，年耗四十萬兩以上。但大半宮室均

毀於李自成攻陷北京之役。

　　清兵入關，定鼎中原。順治元年（1644）五月，多爾袞率師至，故明文

武官員出迎，乖輦入武英殿升座。九月順治帝車駕自正陽門入宮，御皇極門

頒詔大赦。〔註27〕

　　順治元年先修乾清宮〔註28〕，順治二年再繼建太和殿、中和殿、位育宮

〔註29〕。又修午門〔註30〕。十年（1653），修慈寧宮〔註31〕，十二年（1655），

建乾清、坤寧、景仁、承乾、鍾粹、永壽等宮〔註32〕。十三年（1656），建

奉先殿。康熙十六年（1677），建壽安宮並重修慈寧宮。十八年（1679），重

建奉先殿〔註33〕。二十年（1681）修奉先殿〔註34〕。二十一年（1682），重建

延禧、永和、景陽等宮〔註35〕，二十八年（1689），重修英華殿。雍正九年

（1731），建齋宮。

　　到了乾隆時代，修建宮室最多，耗資也最大，宮苑之美，更超越前代。

乾隆五年（1740），建建福宮。十一年（1746），建乾清等門直廬。十六年

（1751），改建壽安宮與重修慈寧宮。二十四年（1759），建東華門內迤北琉

璃門〔註36〕。二十七年（1762），重修英華殿〔註37〕。三十六年（1771），重

〔註26〕見趙翼，《廿二史箚記》（台北：廣文書局，1974年10月再版），〈明宮殿凡數
　　　　次被災條〉，頁603～604。
〔註27〕蔣良騏編，《東華錄》（台北：華文書局，1968年8月影印出版），卷一。
〔註28〕同註26。
〔註29〕同註19。
〔註30〕《清會典》（台北：啓文書局，1963年1月影印出版），卷八六二。
〔註31〕《東華錄》，卷四。
〔註32〕《日下舊聞考》，卷四。
〔註33〕同註22。
〔註34〕同註19。
〔註35〕《日下舊聞考》，卷十五；《清會典》，卷八六三。
〔註36〕同註22。
〔註37〕張之洞等，《光緒順天府志》（台北：文海出版社影印，1965年8月），頁2。

修寧壽宮〔註38〕。三十九年（1774），建文淵閣〔註39〕及主敬殿。〔註40〕

　　至此今之紫禁城規模已大體完備，嘉慶以後，國家多事，對於宮殿多爲守成，甚少增建。順康雍乾四朝的營建，使這九重禁地的千百樓台，金殿輦路、鳳閣龍樓、雕金砌玉，輝煌華麗，舉世無雙。

　　而有清一代，宮殿受災之烈，遠不如明朝嚴重，而清廷迄遜位爲止（甚而迄民國十三年（1924）清廢帝溥儀被驅逐遷出前），也都非常注重保養，縱有天災，也多予以重建。〔註41〕

　　故宮原有房屋九千多間，宮殿數目不及明朝十分之三。修建房屋一切基址牆垣俱用尋常磚料，木植皆用松木。據英人史汀生的調查，同治光緒年間（1870～1880），宦官有二千人，宮廷開支一天約一萬兩。光緒帝結婚用銀五百五十多萬兩。〔註42〕

　　宣統三年（1911），清帝退位，民國政府與清室訂優待條例十九條，其中有「大清皇帝辭位之後，暫居宮禁，日後移居頤和園，侍衛人等，照常留用。」從此溥儀在紫禁城的北半部一直居住到民國十三年十一月在馮玉祥的驅逐之下遷出。

　　至於紫禁城的南半部，於民國三年（1914）開放，改爲古物陳列所，清室御物以及熱河、瀋陽等離宮，歷代珍藏的古董等物，均公開陳列，任人參觀。太和殿一度曾爲袁世凱稱帝登基之所。民國六年起以午門館址爲國立歷史博物館。

　　民國十四年（1925）起紫禁城北半部成立故宮博物院，開放內禁，一般民眾，都得一睹金闕的眞面目了。

　　民國三十六年（1947）古物陳列所與故宮博物院合併，仍沿用故宮博物院的名稱。

〔註38〕同註 22。

〔註39〕同註 19。

〔註40〕同註 29。

〔註41〕故宮在清代火災少是因從康熙帝起規定乾清宮太監在黃昏時必須呼「搭閂，下錢糧，燈火小——心——」隨著後尾的餘音，禁城各個角落裡此起彼伏地響起了值班太監的回聲，以保持對火災的警惕性，民國以後加有避雷針之裝設。而平時遊人逛故宮亦禁止吸煙。

〔註42〕見小橫香室主人編，《清宮遺聞》（上海：中華書局，1915 年出版），〈康熙朝與前明宮中費用之比較〉，頁 17。

第五章　宮闕規制

天子宮闕之內謂之大內。《宋史・輿服志》:「皇帝之居曰殿,總曰大內。」
按明・劉若愚所著《酌中志》指的大內有外圍六門及內圍八門。

> 皇城外層向南者曰大明門,與正陽門、永定門相對者也。稍東而北,
> 過公生左門,向東者曰長安左門,再東過玉河橋,自十王府西夾道
> 往北向東者曰東安門,轉而過天師菴草場再西向北曰北安門,即俗
> 稱厚載門,轉而過太平倉迤南向西曰西安門,再南過靈濟宮灰廠向
> 西曰長安右門,紅柵之內門之北,則登聞鼓院在焉。此外圍六門,
> 牆外周圍紅舖七十二處也。紫禁城外向南第一重曰承天之門,……
> 南二重曰端門,三重曰午門,魏闕兩分曰左掖門、右掖門,轉而向
> 東曰東華門,向西曰西華門,向北曰玄武門,此內圍八門也。牆外
> 周圍,紅舖三十六處,每晚有勳臣一員,在闕左門內直宿,每更官
> 軍提銅鈴巡之,而護城之河遶焉。〔註1〕

而清朝宮禁皆因襲前明之舊,紫禁城以外,很多民居,較之明制損三分之
一。有些宮殿已經很難查考,但大體上皆爲明初的根基。

第一節　宮前各門

中國皇帝向有九重天子之稱,所以中間之門,自最外到最裡有九道門,
此九門說法不一,最常說的有永定門、正陽門箭樓、正陽門、中華門、天安

〔註 1〕明・劉若愚,《酌中志》(台北:偉文圖書公司,1976 年 9 月重印),卷十七〈大
　　　　內規制紀略〉。

門、端門、午門、太和門、乾清門。其中正陽門、天安門、午門均極偉壯。

中華門 明代之大明門，清朝之大清門，民國元年改名中華門，始建於明永樂十五年（1417），清代為皇城之外門。門三闕，飛檐翼空，下繞石欄，廣數百步，前為天街（又稱棋盤街或吉街），左右列石獅一，下馬石牌各一，門內有千步廊，東西嚮者各一百一十間，又左右折而北嚮者各三十四間，廊皆聯檐通脊，其外東為戶部米倉，西為工部木倉。明清兩代大清門還有一個別名，稱為「吉門」，意為只准進喜，不准出喪，明清兩代皇帝只有在娶嫡妻（皇后）時，大紅喜轎才准經過此門進宮，稱為「進喜」，其他如納妾也是喜事，亦不能經此門，只能彩車由神武門進宮。至於殯葬，即便是皇帝與皇后也一概不准從此門進出。清代中華門暨長安左右門以內，均為禁地，人民不得往來，民國以來始開放〔註2〕。中華門及長安左右門今已拆除。

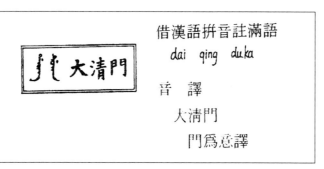

中華門，明朝的大明門，清朝的大清門，民國元年改為中華門，現已拆除

〔註 2〕 見陳宗蕃編，《燕都叢考》（台北：進學書局，1969年元月重印），第一編第二〈城池〉，頁42。

天安門　在中華門內東西長安門之中，明朝時稱爲承天門，是紫禁城正門〔註 3〕，清代時是皇城的正門。建於明永樂十五年（1417），明英宗天順元年（1457）被燒燬，憲宗成化元年（1465），工部尚書白圭主持修復，城樓東西寬五間，南北深三間。明末又被燬，清順治八年（1651）改建後，更名天安門，城樓東西寬九間，南北深五間，《周易》：「九五，飛龍在天，利見大人」（九五之尊），是兩層檐〔註4〕，門洞有五個稱爲「五闕」，上面蓋著黃色琉璃瓦，簷下單楹藻繪，有彤扉三十六，城牆是紅色，總高三十三‧七公尺，富麗莊嚴。門前有外金水河環繞。

明代每年霜降後，吏部等在門前「朝審」刑部裡頭的重囚〔註5〕，復審定案，犯人被帶入長安右門以後，就等於投身虎口，很難再有活命的可能。因此當時的人，又把長安右門叫做「虎門」。

科舉時代，舉人們三年一考，保和殿考試完畢後，凡是考取「進士」的，都要在殿上傳呼姓名，然後把姓名寫在「黃榜」上，奉出午門，放進「龍亭」用鼓樂引導，經天安門轉出長安左門，張掛在臨時搭起的「龍門」裡，由名列榜首的「狀元」看榜，隨即由順天府尹給狀元插金花，披紅綢，迎接到府衙裡飲宴祝賀，此叫「金殿傳臚」。如此「一登龍門，身價百倍」。因之，當時的人將長安左門，稱爲「龍門」。

明清之際，在天安門以南，設置有禮部、吏部、工部、刑部等中央官署。清代凡國家大慶，覃恩宣詔書於門樓上，此時文武百官齊集天安門按官階大小肅立，禮部尚書在太和殿接詔書以後，捧到天安門宣詔台，宣詔官宣讀時，文武官向北跪拜。禮畢後，由垜口正中，承以朵雲，設金鳳，口銜而下落在雲盤裡，稱爲「金鳳頒詔」、「朵雲接詔」，然後詔書放進「龍亭」，送到禮部再用黃紙印刷頒行全國。門外有華表柱二，外金水橋環之。門內亦華表柱二。東西兩廡各二十六間。東廡之中爲太廟門，西廡之中爲社稷壇門，內各五楹，東西嚮，兩廡之北正中南嚮者爲端門〔註6〕。民國八年（1919），五四運動時，民眾曾聚於此開會，後遊行，發出中華民族民族主義之怒吼。

〔註 3〕《明史‧地理志一》。

〔註 4〕廡殿頂、歇山、硬山、桃山、懸山、捲棚等，是中國建築中的屋頂形式，在北京常見，故宮廡殿頂和歇山頂最多。天安門爲重檐歇山頂。一般舊式住宅，多爲捲棚頂。

〔註 5〕同註 1。

〔註 6〕同註 2。

借漢語拼音註滿語
abukai, ekehe, obule, duka,

意　譯
　　使天下太平之門

天安門門額

天安門，始建於明永樂十五年（1417），城門五闕，紅色墩台高十多公尺，
台上重樓九楹，立於兩千多平方公尺的須彌基座上，繪有中國傳統的金龍和
璽和紅草和璽彩畫。
天安門為皇帝頒詔，冬至到天壇祭天，夏至到地壇祭地，孟春祈穀到先農壇
耕籍田，以及大婚、親征等典禮儀式進行或經過的地方。

　　端門　在天安門北二百公尺處。制與天安門同，為天安門的重門，原建
於明永樂十五年（1417）。康熙六年（1667）重建，清代為紫禁城之前門。門
內東廡五間，為禮科公署。其東北為太廟右門，西為社稷壇左門，門三檻，
東西嚮，又北東西廡四十二間，均聯簷通脊，東為吏科公署七間，戶科九
間，西為中書科直房五間，兵科刑科公署各七間，又六科公所二間，餘為各
部院寺府監朝房，又北東出者為闕左門，凡九卿會議揀選驗看俱集於此，西
出者為闕右門，凡八旗都統會議，集於此，門外下馬牌各一。闕左門外西嚮
者為太廟西北門，闕右門外東嚮者為社稷壇東北門，又北東西廡各三間，為

王公朝集所，通道左有嘉量亭，有日景暑度。〔註7〕

　　午門　舊稱午闕，在端門北三百公尺處，爲清代紫禁城之正門。三闕上覆重樓九楹，有彤扇六十六，明廊翼兩觀，傑閣四聳，與中相輔，互相連貫，俗稱五鳳樓〔註8〕，是由一座大樓和兩旁四座略小的角樓構成的，形成冂的形制，東西牆一百一十五公尺，南北牆一百零六公尺，高三十七‧九五公尺，仰望之下，令人稱絕，樓頂金色堂皇，至爲雄偉，其前可容二萬人，就其形制是世界第一〔註9〕。五鳳樓正中設寶座，當國家大典，以及征討或凱旋獻俘的場合中，皇帝親自御樓接受朝禮〔註10〕這些可參見《清史稿》，另凡頒朔宣旨，常朝亦於此舉行。又明代諸臣受廷杖於此，清代諸臣跪受申飭亦於此，群臣謝恩亦於午門〔註11〕。清制凡視朝，鳴鐘鼓於樓上，駕出午門亦如此，親祀壇廟出午門以鐘，時饗太廟以鼓。崇禎九年（1636）夏至，皇帝出皇城祭地，精壯官兵十一萬人保駕，沿途三呼萬歲。

　　其前左設嘉量一，右設日圭一。闕西嚮者曰左掖門，東嚮者曰右掖門。大朝時陛殿，百官各以東西班次由掖門入〔註12〕。按明代皇城以內，外人不得入，紫禁城以內，朝官不得入，奏事者至午門而止中外，其阻絕，判若天人。午門門洞有三，文武官出入皆由左，其右門惟宗室王公得行之。〔註13〕

第二節　太廟及社稷壇

　　太廟　在天安門左，古柏森森，殿宇宏大，飛檐重脊，有宮牆美。灰鶴聚集，環境幽靜。建於明初，爲明清兩代供奉寢廟之所，舉凡登極、親政、監國、攝政、大婚、上尊號、祔廟、郊祀、萬壽、冊立、凱旋、獻俘、奉安梓宮……等，都要祭告。建於永樂十八年（1420），嘉靖二十三年（1544）改建過。今廟爲順治元年（1644）重建，南嚮，朱門黃瓦，周以崇垣計二百九

〔註7〕陳編，前引書，第一編第二〈城池〉，頁42。

〔註8〕見湯用彬，《舊都文物略‧城垣略》。

〔註9〕見增井經夫，《清帝國》（東京：講談社，1975年二版），第九章〈清代文藝，紫禁城〉，頁366～367。

〔註10〕見黃先登編譯，《北京的傳說》，卷二〈賣蟲龍〉，註2，頁30。

〔註11〕同註8。

〔註12〕于敏中，《國朝宮史》（台北：文海出版社，1966年重印），卷十一〈宮殿一〉，外朝。

〔註13〕陳編，前引書，第三〈宮闕〉，頁46。

十一丈六尺，大門三，門內東南為宰牲亭、井亭。戟門五間，崇基石闌，門
外東西井亭各一，前跨石橋五，下有引流，橋南，東為神庫，西為神廚各五
間，中三門，前後均三出陛，前殿十有一楹，重檐，脊四垂下，沈香柱高達
數丈，兩人不能合抱，都是從雲、貴採伐來的獨根金絲楠木做成，階陛三
層，繚以石闌，正南及右左凡五出陛，凡歲暮大祫日，王公二人各率宗室恭
奉，列祖及后神位合祀。

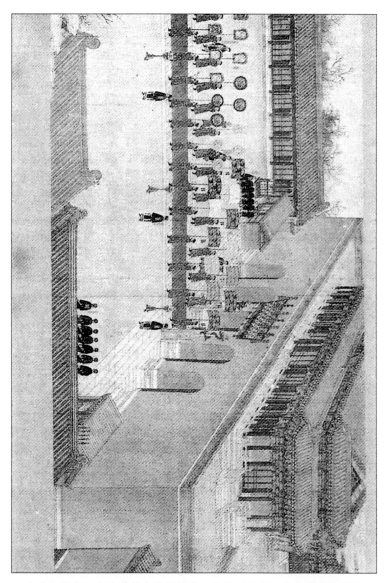

光緒大婚圖，皇后儀駕中的龍鳳扇出端門（北京，故宮博物院藏）

　　大殿的前面是寬闊的庭院，大殿的正門是五開間的大戟門，門內外原有一百二十把鐵戟，庚子八國聯軍入北京時把鐵戟全部盜走。大戟門南面有一條玉帶河，河上有五座小巧玲瓏的金水橋，橋北有兩座六角井亭。

　　兩廡各十五間，東廡祀配享王公，西廡祀配享功臣，燎爐各一。中殿九間，同堂異室，內奉列聖列后神龕，均南嚮。中殿後界朱垣，中三門，左右各一門，後殿制如中殿。奉祧廟，神龕均南嚮。陰曆孟春，於正月上旬卜日，夏孟與孟冬各於朔日行禮，平時並每月薦新及清明、孟秋、望日、歲暮、忌辰，均於太廟致祭。凡祭太廟，皇帝御禮輿出太和門，乘輦由闕左門入西北門至鋪設椶薦處，御禮輿入太廟北門，由後殿東旁門至前殿山牆東更衣，慳次降輿，時享太廟，照社稷壇例祫祭及奉先殿、太廟後殿，皆同儀。〔註14〕

　　社稷壇　建於明永樂十九年（1421），此地原為遼金時代燕京城東北郊的興國寺，元代改為萬壽興國寺，寺早已不存，但某些古柏卻留下來。天子祭土神、穀神之所，在天安門右，乃一漢白玉石三層各四級之方壇，上層用五色土隨方築之，中埋社主石。五色土係依五行之說配置，即東藍、西白、南赤、北黑、而以黃色土安置中央。表示「普天之下，莫非王土」。在中央還立一方形石柱名「社主石」，又稱「江山石」，表示「江山永固」。壇壝以琉璃瓦各如其方之色，四建櫺星門，北為拜殿，又北為祭殿，壇殿均為明永樂十九年（1421）所築，清乾隆間重修。每年春秋二仲月（二、八月）上戊日，帝御此行祭祀社稷之禮（祭土地神及五穀神）。北面的拜殿是皇帝下榻休息或遇雨行禮之地。拜殿又叫祭殿或享殿，這是一座端莊精巧的木構大殿，所有的樑架，木栱全部外露，此殿建於明初，殿後的一重殿原是社稷正門，門裡原陳列七十二把鐵戟，所以又稱戟門，1900年被八國聯軍掠奪一空。環壇牆外，古柏森然羅列，最鉅有圍達丈八尺餘。《禮‧王制》：「天子社稷皆大牢，諸侯社稷皆少牢。」《白虎通‧社稷》：「王者所以有社稷何？為天下求福報功，人非土不立，非穀不食，故封土立社，示有土也，稷五穀之長，故立稷而祭之也。」古之有國者必立社稷，以社稷之存亡，示國家之存亡。

　　社稷壇佔地面積三百六十二畝，前臨長安街，後倚紫禁城的護城河——筒子河。除戟門外，其他附屬建築還有神庫、神廚、宰牲亭等。社稷壇以古柏著稱，四周有上千棵樹齡數百年的古柏，其中南門內的七棵，據傳是遼金古剎內的古樹。

〔註14〕湯纂，前引書，〈壇廟略〉。

社稷壇

第三節　紫禁城的城垣與護城河

城垣是城池的主要防線。紫禁城處於要害部位，它對城垣的防禦能力有更高的更求，牆身比皇城和京城更爲高大、寬厚。紫禁城城垣從地面到頂點高九‧九公尺，牆的厚度牆腳爲八‧六二公尺，頂部六‧六六公尺，內外面各收分〇‧九六公尺，將近城垣高的百分之十，斷面呈上窄下寬的梯形。

城垣頂部外側砌築堞牆（也稱雉堞牆），上置品字形垛口。堞牆通高一‧三四公尺，厚〇‧三七公尺。頂部內側砌築宇牆（俗稱的女兒牆）。宇牆略低於宇堞牆，牆頂砌出檐磚和琉璃披水，上覆以扣脊瓦，呈「囧」形「鷹不落」牆頂。堞牆和宇牆之間的城垣頂部，鋪築海墁城磚，頂面略向里傾斜，便於雨水從宇牆下部的溝眼渲泄。

明代城磚每塊長〇‧四八公尺，寬〇‧二四公尺，厚〇‧一二公尺，約重四十八庫斤。整個紫禁城垣的用磚量，約一千萬塊以上。磚的質量要求嚴格，必須質堅色正，敲之有聲，斷之無孔。當時爲了解決大量用磚問題，選擇了山東臨清及運河兩岸土質較好的地方建窯燒造。據史料記載，山東臨清一帶，水土精良，製磚堅硬細膩，成爲重點製磚的地區。選擇在運河兩岸燒磚，是爲了運輸方便。明代用的城磚，很多是從千里以外，經南北大運河運

至通州張家灣，再經陸路運到北京。《大明會典》記載，「永樂三年，定每料船帶磚二十個，沙滾磚三十塊。」城磚製作精良，又經千里迢迢運輸，花費是很高的，清乾隆年間內務府奏銷黃冊報銷大城磚，每千塊銀價三十九兩九錢，再加上工價銀和其它用料銀，所花費很可觀。

護城河（筒子河）環繞紫禁城的四周，是城池的第一道防線。總爲三千三百公尺，河寬五十二公尺，深四・一公尺。河底用三合土夯實，再滿鋪長衣形規整的巨大石塊做河床。河幫用條石砌築，背餡用大城磚壘砌，然後澆灌灰漿。整個河漕如同一塊大石雕成，極爲堅固。河岸兩側加築矮牆，稱河牆，做爲擋護之用。整個城河的容水量約五十多萬立方公尺。〔註15〕

第四節　外朝及兩翼

走進「紫宸皇居」紫禁城正門——午門，即可以看到一片紅色的宮牆和一大群宏偉壯麗的宮殿。這就是通稱的故宮，是中國一座規模宏大的古宮殿群。它的整體佈局沿襲了古代「王城」的規制，主要宮殿都在宮城——紫禁城的南北軸線上。明清宮城，門禁森嚴，進出要帶腰牌，要合名冊，城門有護軍，宮門有侍衛。

午門以內有遼闊的廣場，東廡二十二間，皆崇基，爲稽查欽奉上諭處，及內閣誥敕房，西廡亦有二十二間，亦皆崇基，爲繙書房及起居注館〔註16〕。東有協和門，西有熙和門。

過金水河後即達太和門。

金水河　曲折多姿形似玉帶，太和門前的金水河上有五座漢白玉石的金水橋橫跨其上。（內金水河長二千一百公尺）侯仁之言：「（河）當本金人故跡，元代初年，築大都，河之下游圈入城中，始有金水之名。」〔註17〕清・于敏中《國朝宮史》記金水河：

> 護城河環繞於紫禁城外，河水由地安門外西步梁橋下流入皇城，從地道經景山西門引入，環紫禁城，至東西闕門爲止，門下地道相通，復東經太廟左垣西，由織女橋前繞社稷壇、端門、太廟會東來

〔註15〕鄭連章，《紫禁城城池》（北京：紫禁城出版社，1986年10月初版），頁7～10。

〔註16〕《清宮述聞》（台北：文海出版社，1966年重印），卷二〈述外朝一〉。

〔註17〕見侯仁之，〈北平金水河考〉（載《燕京學報》第三十期，1946年6月）。

之水，過牛郎橋、天妃閘、從巽方出皇城爲御河，其流入紫禁城者
由神武門西，引護城河水，流入武英殿、太和門，繞文華殿，由鑾
駕庫出紫禁城。

此河元至明清迭有變遷，舊制全非，據侯仁之考證：

元代之金水河與通惠河異源別流，自城郊至宮苑，皆有獨行水道，
與他流絕不相混，且有濯水之禁。明代金水河上源及其入城之道，
始與通惠河相合，至海子南端，西步糧橋分流，遂與今日情形相
似。元之金水河並見於太液池東西兩岸，至明則西岸故道湮沒無
聞，東岸之水，轉而引入紫禁城中。其在紫禁城南者，亦與元河稍
異。清之金水河，一本明舊，但有內外之稱，除間有湮廢者外，蓋
與今日情形相同。〔註18〕

此河的功用，除了皇家宮苑的點綴〔註19〕外，另爲排洪及防火〔註20〕，日人
今西春秋對於北京溝渠特別有研究，他說：

紫禁城內具有特殊之溝渠網，據言無論遭遇何等大雨，庭中絕無漫
溢之患，對其佈置構造，仍屬不明。但自紫禁城之西北隅流入經過
太和門前，而流出於紫禁城東南隅之金水河無疑爲一道幹溝，即四
周之濠，亦足以應付由城內排出之水。〔註21〕

但是在舊日，防火更甚於排洪，劉若愚嘗申言之：

是河也，非爲魚泳在藻，以資遊賞，亦非故爲曲折，以耗物料，恐
意外回祿之變，此水實可賴。天啓四年（1624）六科廊〔註22〕災，
六年（1626）武英殿西油漆作灾，皆得此水之力。……回想祖宗設
立，良有深意，惟在後人之遵守如何耳……又如天啓年一號殿噦鸞
宮被焚者二次，如只靠井中汲水，能救幾何耶？疏通此河脈，誠急
務也。〔註23〕

太和門 太和殿之正門，建於白石崇基之上，九間四間重簷廡殿頂，姿

〔註18〕同註17。
〔註19〕請詳本書第六章第四節，三、金水河之制。
〔註20〕同註17。
〔註21〕今西春秋，《京師城內河道溝渠圖說》（偽《建設總署》，1941年6月刊印），
〈北京溝渠沿革章〉，頁3。
〔註22〕六科在明清兩代是監察六部的機關，是和六部對口的，即禮科、吏科、戶科、
兵科、工科、刑科。
〔註23〕同註1。

態頗爲壯麗，門左右銅獅羅列，益顯天子正朝儀門之尊嚴。銅獅雕刻，極盡富麗，而其雄偉，尤稱北京第一。

太和門與其前的金水河
唐・駱賓王詩：「山河千里國，城闕九重門，未睹皇居壯，安知天子尊。」

紫禁城協和門與金水橋

太和門原建於明永樂年間，稱爲奉天門，嘉靖時改稱皇極門，明末被燬，重建於順治三年（1646）。明清兩代皇帝有御宮門聽政之制，即古代的常朝，明代御奉天門（清代的太和門），順治時御太和門，康熙以後改御乾清門。太和門體制裝修一如太和殿，僅在體型、規模上差小而已，是紫禁城內，最高、最大、最華麗的門。今之太和門爲光緒十五年（1889）重建〔註24〕。《東

〔註24〕《清會典》，卷八六三。

華續錄》載：

> （光緒十四年）十二月諭，本月十五日夜間貞度門不戒於火，延燒太和門及庫房等處，所有本日值班之章京護軍等，於禁城重地不小心看守，實堪痛恨，著交刑部，嚴行審訊，按律定擬具奏，值班之前鋒統領恩全疏於防範，咎無可辭，著交部議處。

另據清・震鈞《天咫偶聞》載：

> 十四年（1888）十二月太和門火，自未至酉。是日余以事至地安門，南望黑煙如芝蓋，市井喧傳爲正陽門火，明日始知爲太和門。明年庚寅，正月二十八日大婚，不及修建，乃以綵彩爲之，高卑廣狹無少差，至槻桶之花紋，鴟吻之雕鏤，瓦溝之廣狹，無不克肖，雖久執事內廷者，不能辨其眞僞，而且高諭十丈，粟冽之風不少動搖，技至此神矣！

正門左右各一門，皆南嚮，左曰昭德門，右曰貞度門。太和門內，東西廡各三十二楹，東廡中爲體仁閣（明代的文昭閣），西廡中爲弘義閣（明代的武成閣，明代珍藏永樂大典之處），閣各重樓九楹，皆東西嚮，廊無四周相接，爲內務府銀庫、衣庫、鍛庫、皮庫及茶瓷分度之所。武備院甲庫、氈庫、鞍庫附焉。東廡之北爲左翼門，西廡之北爲右翼門〔註25〕，東西嚮，正中爲太和殿。〔註26〕

　　從太和門到太和殿，中間有一個寬大的院子，足足有三萬平方公尺，從前帝王時代，文武百官朝拜的時候就是跪在這個露天的地方，遠遠地向皇帝叩頭。

　　太和殿　爲故宮最偉大的建築，氣象莊嚴雄偉，壯麗絕倫，如古代的「正衙」，是大內外朝的正殿，昔統華夏四百餘州，天子之正朝。建於明成祖永樂四年（1406），稱爲奉天殿。成於永樂十八年（1420），次年毀於火，至英宗正統六年（1441）重建完成，世宗嘉靖三十五年（1557）又毀於火。嘉靖四十年（1562）重建，翌年改稱皇極殿。後於神宗萬曆二十五年（1597）又毀

〔註25〕《清會典事例》：凡閒人毋許擅入禁門，又凡王公大臣官員進午門、東華門、西華門、神武門，所帶僕從人等，均有限制，自王以下至文職三品武職二品以上，並內廷行走各官所帶之人，准其至景運門、隆宗門外。此外，跟隨之人，概令於左翼門、右翼門台階下爲止。其經由神武門者出入，俱令循東西夾道行走。勿許附近景運門、隆宗門外停立。

〔註26〕見陳宗蕃著，《燕都叢考》，第三〈宮闕〉，頁47～48。

於火，至熹宗天啓七年（1627）重建。明清之際又毀於兵燹。清世祖順治十年（1653）修建後改稱太和殿，聖祖康熙八年（1669）重建〔註27〕，康熙三十四年（1695）改原九開間爲十一間，康熙三十六、七年（1697、1698）落成〔註28〕，即現在之太和殿。

太和殿正面
唐·王維詩：「九天閶闔開宮殿，萬國衣冠拜冕旒」的氣氛

三台中的丹墀

太和殿前的古銅缸，爲宮殿裝飾品，亦爲防火用的太平水缸。太和殿前有四銅缸，象徵金甌無缺

〔註27〕 王士禎，《居易錄》云：「重建太和殿日乙亥二月二十五日鳩工，有老工梁九老董將作年七十餘矣，自前代及本朝初年大內興造，梁皆董其事，一日手製木殿一區，以寸準尺，以尺準丈，不逾數尺許，而四阿重室規模悉具，殆絕技也。初，明之季，京師有工師馮巧者，董造宮殿，至萬曆至崇禎末老矣！九往執役門下，數載終不得其傳，而服事左右不懈益恭。一日九獨侍，巧顧曰：『子可教矣。』于是盡傳其奧。巧死，九遂隸籍冬官，代執營造之事，一技之必有師承，不妄授受如此。」

〔註28〕 參看黃寶瑜編著，《中國建築史》（台北：正中書局，1973年3月初版），第八章〈明清建築〉，頁168。

　　正面有十二根圓紅柱，總計盈公尺大柱八十六根，東西六十三公尺，南北三十三公尺（即橫寬十一間，縱深五間，共五十五間），殿基高二丈（六公尺餘），殿高十一丈（三十五‧五公尺）。佔地面積二千三百七十多平方公尺。殿前面圍著龍墀丹陛；第一層二十一級，第二層和第三層各九級，每層都圍有「漢白玉石」雕成的欄杆，曲折迴環，分三折而上。丹墀下為文武官行禮位，范銅為山形，俗呼為品級石，鐫正從一品至九品，東西各二行，行十有八。上有兩履飛簷，四角朝上，飾以獸形琉璃瓦，殿計用楠木柱八十四根。前後有四十扇金色木門和十六扇金鎖窗。正中放著金漆雕龍寶座，寶座正位於全城中軸線上的中點，高六、七公尺，雕刻纖麗，龍身昂曲，靠背上畫有斧鉞。寶座旁有六大根蟠龍金柱，寶座後是精美圍屏，寶座頂正中的金龍藻井倒垂著圓球軒轅鏡，天花板繪龍戲珠圖。階陛間陳列十八座寶鼎，殿外左右安置著四隻銅缸〔註29〕及銅龜、銅鶴各一對，又東置有日圭，西置有嘉量。每年元旦、冬至、萬壽三大節，及大慶典，皇帝御此受賀。凡大朝會燕饗命將出征，臨軒策士及百僚除授謝恩均在此舉行〔註30〕。而頒發重要詔書及發佈新進士黃榜（殿試進士，用黃紙發佈名榜，叫進士黃榜）亦於此舉行。

太和殿內寶座

〔註29〕缸面的金層，光緒二十六年（1900），被八國聯軍用刺刀刮走，至今刀痕，尚可看見。
〔註30〕同註26。

清末太和殿內寶座

與 74 頁圖對照，上圖中的匾額、對聯已無，爲袁世凱稱帝時所拆。
今故宮博物院在鄭欣淼院長主導下，已恢復匾額、對聯原狀。

太和殿前的銅龜

劉峻‧《辨命論》：「龜鶴千歲」。又《後漢書‧宦者傳》注：
「龜鼎，國之守器，以喻帝位也」。

太和殿前，有十八個銅鼎，象徵大清帝國的十八個行省

大雪紛飛中的故宮

三台的望柱

光緒大婚圖──太和殿一景（北京，故宮博物院藏）

又皇帝登座時，禁城金鞭三響，金鐘玉磬齊作，笙、笛、簫、琴齊鳴。鑼鼓迭奏〔註31〕，悠揚和鳴。大慶典時丹墀上青銅的龜鶴與巨銅缸中，輕煙上升，御香縹渺〔註32〕〔註33〕。跪在丹墀和廣場上的文武百官，三呼萬歲，

〔註31〕　見田布衣，《末代皇帝外史》，三〈西太后〉，頁12。
〔註32〕　參看 Anthony Lawrence，〈紫禁城舉世無雙〉（《讀者文摘》中文版，1975 年 6 月號），頁 60。

充滿了肅穆的氣氛。

　　圜丘大祀前一日、祀祝版，新穀常雩亦如之。〔註34〕

　　殿內，清高宗御筆匾曰：「建極綏猷」；聯曰：

　　　帝命式于九圍　茲維艱哉　奈何弗敬

　　　天心佑夫一德　於時保之　遹求厥寧

殿左曰中左門，右曰中右門，各三楹，單檐南嚮，與昭德、貞度二門相對。

　　中和殿　太和殿北為中和殿，即明代的華蓋殿，又稱中極殿，方二十一公尺，縱廣各三間，走廊列柱凡二十，規制較小，方檐滲金圓頂，建造殊異，內頂雕刻彩繪極精美〔註35〕，顯得金光閃耀，金扉瑣窗。殿內亦設有寶座、金鼎、薰爐等陳設，陛各三層。其因建在太和殿、保和殿之間的崇基之上，故左右復有陛，東西出。昔玉牒告成，恭進於此殿。凡祭祀視祝版，耕籍視五穀農器於此〔註36〕又為演習禮儀之殿堂及皇帝早朝休息之處〔註37〕。即凡遇三大師，皇帝先於此殿升寶座，內閣、內大臣、禮部、都察院、翰林院、詹事府，及侍衛執行人員禮畢，乃出御太和殿。

〔註33〕《大清會典事例》，卷二九五、卷二九二：「凡元旦、萬壽、聖節、冬至日則大朝，皇帝御太和殿而受焉，常朝亦如之。大朝之儀，質明王公百官咸朝服，王公暨一二品官由右翼門入，三品以下官由午門左掖門入昭德門，右掖門入貞度門，外國貢使隨入，就位立，欽天監官於乾清門報時，導駕官禮部尚書侍郎瘦請御殿，午門鳴鐘鼓，皇帝禮服乘輿出宮，至保和殿後降輿，御中和殿升座，各官行禮畢。各就位。中和韶樂作，皇帝御太和殿升座，樂止，導從官各就位，三鳴鞭，丹陛大樂作，王公百官各就拜位，皆進跪，樂暫止，宣表官宣表畢，奉表進復於案，退，樂作，王公百官行禮畢，退，復位立，樂止，三鳴鞭，中和韶樂作，駕輿還宮，王公百官退，若頒詔，大學士奉詔書由殿中門稍左出至殿檐下，禮部尚書跪受，奉以輿，由中階降，儀制司官以雲盤跪承，舉起出太和門中門，張黃蓋，官屬前引，尚書侍郎從，百官隨出，傳臚御太和殿朝儀亦如之。」（按：金鐘、玉磬、笙、簫、琴、笛，總稱中和韶樂）。

凡登極皇帝衰服於大行皇帝几筵前行禮，祗告受命，詣側殿更禮服，御中和殿，侍班導從糾儀執事各官行禮，御太和殿，午門鳴鐘鼓，不作樂，王公百官上表，不宣表，王公百官行禮畢，復位，大學士進殿左門，就東案奉詔陳於中案，少退西向立，內閣學士就中案北面用寶訖，退，大學士奉詔出，授禮部尚書如儀，賜茶不設燕，駕還宮易服，是日頒詔。

〔註34〕陳編，前引者，第一編第三〈宮闕〉，頁48。

〔註35〕湯纂，前引書，〈宮殿略〉。

〔註36〕陳編，前引書，第一編第三〈宮闕〉，頁49。

〔註37〕見易叔寒，〈多少蓬萊舊事〉（載《中央月刊》第六卷第十期，1974年8月），頁165。

中和殿（前）與保和殿（後）

中和殿內部（攝於清末民初）

殿內，清高宗御書匾曰：「允執厥中」；對聯曰：

　　時乘六龍以御天　　所其無逸

　　用敷五福而錫極　　彰厥有常

保和殿　中和殿北為保和殿，明初為謹身殿，萬曆四十一年（1613）改為建極殿，後經天啟七年（1627）重建，此殿全部木結構和內檐彩畫等大都是明代萬曆年間的原物，由於採用減柱的藝術，殿內較為寬敞，清代曾予重修。深廣九楹，正面圓柱十根，東西四十七公尺，南北二十一‧八公尺，重檐垂脊，前陛三出南嚮，後陛三出北嚮。每歲除夕筵宴外藩於此。從乾隆五

十四年（1789）科舉制度的殿試，由太和殿移至保和殿一直相沿到清末（殿試，清初在天安門外，順治十五年改在太和殿丹墀前考試，雍正元年改為太和殿內兩旁考試）。列聖寶訓實錄告成纂修官，恭進於此。與太和殿兩廡丹楹相屬，四隅各有崇樓矗起，猶上承元大都宮殿角樓之制也，氣象崇宏。中通甬道，清乾隆三十年（1765）重修。殿旁東為後左門，西為後右門，內各三間南嚮，前後出陛〔註38〕，殿後迤北數十步。東為景運門，西為隆宗門。與保和殿相對者為乾清門。〔註39〕

保和殿

保和殿內部（攝於清末民初）

〔註38〕陳編，前引書，第一編，第三〈宮闕〉，頁49。

〔註39〕參看余榮昌、戴門氏編，《故都變遷紀略》（台北：古亭書屋重印，1969年11月），〈舊皇城〉，頁24。

保和殿內，有清高宗御筆匾曰：「皇建有極」；聯曰：

祖訓昭垂　我後嗣子孫　尚克欽承有永

天心降鑒　惟萬方臣庶　當思容保無疆

三大殿是建築在七公尺高，起疊三層的漢白玉臺基上，俗稱三台，面積約兩萬五千平方公尺，每層有雕刻的玉石闌干環繞。闌干下面是一排數不清的龍首形水口。下大雨時，千百個龍口中噴出水柱，蔚為奇觀。〔註40〕

明代在建極殿（保和殿）之後正中央有雲臺門，其左右兩旁各有二道門，東叫「後左門」，西叫「後右門」，全部合起來叫「平臺」；大學士應召時只能在平臺承旨，不許再進。而後右門的西側有一道向東的門，叫「隆宗門」，在後右門與隆宗門之間就是幕後內閣辦公的所在地，叫「協恭堂」。〔註41〕

文華殿　太和門東為文華殿，在紫禁城東華門內，箭亭之南。由協和門東出即至。為明永樂年間建，但成祖很少臨幸此殿，這曾是皇太子活動的地方，世宗即位才開始大事修造，殿頂換蓋黃瓦，凡是遇有齋居、經筵和召見大臣時，在文華殿舉行，世宗在殿上題有「九五齋、恭默室」匾額，神宗也有一匾橫書，上書「學二帝三皇治天下大經大法」十二個大字〔註42〕在明朝也是皇太子唸書的地方。明末此殿被毀，清康熙二十三年（1684）重建，殿廣深五楹南嚮，殿內乾隆御筆匾曰「緝熙明德」；聯曰：

道脈相承　經籍昭垂千聖緒

心源若接　羹牆默契百王傳

殿前門三間曰文華門。崇階九級，丹陛與露臺相值，臺左右各二陛，各十一級，門內甬路與露臺相連。東為本仁殿，西為集義殿，殿各五楹，東西嚮。殿後為主敬殿，有柱廊與前殿相連，即所謂工字廊，乾隆三十九年（1774）建，殿五楹。由本仁殿折而東為傳心殿，康熙二十四年（1685）建，殿廣五楹，內祀皇師伏羲、神農、軒轅氏，帝師陶唐、有虞氏，王師禹、湯、文王，皆南嚮，先聖周公東位西嚮，先師孔子西位東嚮。每歲經筵，先遣大學士祭告，於此由經筵官向皇帝講四書，然後皇帝也講一段叫御經筵。每逢皇帝聽講時不僅許多王公大臣要陪皇帝讀書，世襲「衍聖公」亦在旁侍讀。殿前東

〔註40〕同註32。此龍首也叫「螭首」，三台螭首共一千一百四十二個。

〔註41〕見三田村泰助著、王家成譯，《宦官秘史》（台北：新理想出版社，1975 年 9月初版），頁 158。

〔註42〕見李甲孚，《中國古代建築藝術》（台北：北屋出版社，1977 年 2 月初版），〈明朝的宮殿建築〉，頁 167。

西角門二，北嚮五間爲治牲所，南嚮三間爲景行門，東有大庖，井上覆以亭，泉味獨甘甲於別井，殿後爲祝版房、神廚各三間，再後爲直房五間。

文華殿後爲文淵閣，是清朝收藏圖書的地方，是宮內的圖書館。此地原爲明代聖濟殿的舊址。藏四庫全書三萬六千冊。按乾隆三十九（1774）六月二十五日上諭：浙江寧波府范懋柱家……聞其家藏書處曰天一閣，純用甎甃，不畏火燭，自前明相傳至今，並無損壞，其法甚精。若傳諭寅著親往該處，看其房間製造之法若何？是否專用甎石，不用木植，並其書架款式若何，詳細詢查，漫成準樣，開明丈尺，呈覽。

文華殿（皇帝御經筵及皇太子讀書的地方）

因此此閣乃仿天一閣形式建造而成，每歲御經筵畢，賜請官茶於此，閣制三層，上下各六楹，閣內正中設置寶座，懸清高宗匾曰：「匯流澄鑑」；聯曰：

薈萃得殊觀　象闈先天生一

靜深知有本　理賅太極函三

層階累折而二，上覆綠色瓦，前甃方池，跨石梁一，引御河水注之，閣後疊石爲山，垣門一，北嚮爲直房數楹，爲直閣諸臣所居〔註43〕。明世永樂大典共有寫本三部一藏南京，二分藏北京文淵閣及皇史宬，明亡，南京本及文淵閣本並毀。清修四庫全書時，文淵閣本已殘缺二千餘卷，至庚子之亂又燬於

〔註43〕陳編，前引書，第一編第三〈宮闕〉，頁51～52。

兵火，今尚存一百多冊，皇史宬本到了清代移存翰林院。

　　按文淵閣爲明舊名，然與明之文淵閣絕不同其地。蓋清之文淵閣專以貯
四庫全書，先修書，後建閣，至於明代文淵閣基址，陳宗蕃先生以爲應在內
閣大庫附近。（或即今實錄庫）〔註44〕

文淵閣（珍藏四庫全書的地方）

　　循文淵閣西北爲上駟院，西嚮，其南爲御馬廄，閣北南嚮者爲箭亭，循
文華殿而東北，跨石梁三，前有三座門，門內東西舊爲鷹狗處、御馬廄，正
北有殿宇三所，覆以綠瓦，爲皇子所居，其中曰擷華殿，其前爲王公大臣宿
衛直房，東爲御藥庫，稍西，夾道內爲御茶膳房庫宇，又爲蒙古朝房。循文
華殿而東南，北嚮者爲內閣（內閣爲明清兩朝政府最高的行政機構）尊藏實
錄庫、紅本庫、戶部內庫、鑾駕庫，循庫左轉而北爲國史館〔註45〕，其南爲
東華門，門外有下馬石碑，即紫禁城之東門。〔註46〕

　　武英殿　太和門西爲武英殿，由熙和門西出即至。明朝皇帝齋居和召見
大臣都在此，明代殿後有仁智殿（今敬思殿），是明朝命婦們朝賀中宮的用
殿。〔註47〕

〔註44〕陳編，前引書，〈引故宮圖說〉，頁52。
〔註45〕蔣良騏任職國史館，另作《東華錄》，以館在東華門內。
〔註46〕同註43。
〔註47〕同註2。

武英殿

武英殿一區

　　規制與文華殿同，清同治八年（1869）重修。前跨石梁三，周以石檻，
殿廣五楹，東西陛九級。李自成稱帝御極於此。東西廡配殿：東曰凝道；西曰
煥章。後有敬思殿〔註48〕。清初的《古今圖書集成》、《佩文韻府》、《四庫全
書》都是在這裡設局編輯。清乾隆中期，凡內廷校刊書籍於武英殿〔註49〕，
校刻的有十三經二十二史，所謂有名的聚珍版（通稱殿版），也就是木活字

〔註48〕按小橫香室主人編，《清宮遺聞》：「武英殿書籍，其存而不發賣者，向貯於殿
　　　　後之敬思殿。」
〔註49〕同註35。

版，就是來自武英殿。殿版字體美觀、翔實、紙墨精良，有很高的價值。左右廊房凡三十六間，皆弉書籍，左右直房是校刊裝璜。西北爲浴德堂，乾隆時傳爲香妃沐浴之所，內部以白甃磚砌成仿土耳其式建築，室旁有水井，蒸氣水管。〔註50〕

殿垣之北，爲方略館，爲軍機章京纂輯方略及直宿之所。再折而北，東嚮者爲回子學、緬子學，又北正中爲內務府官署、果房、冰窖、造辦處。內務府是清代特有的機構，鑒於明代內監官司之弊，特設內務府官署以理之，其廨舍之數，共有四十三間，順治十六年（1659），設有嚴禁中官干政鐵牌。內務府是給皇帝管家的，它統轄廣儲、都虞、掌禮、會計、慶豐、愼刑、營造七個司（每司各有一套庫房，作坊等單位，如廣儲司有銀、皮、瓷、緞、衣、茶等六個庫）和宮內四十八個處。據《爵秩全覽》所載，內務府官員，共計一千零二十三人（不算入禁衛軍，太監和蘇拉〔執役人〕）。武英殿西爲咸安宮（今稱寶蘊樓），官五楹左右各三楹，還有尙衣監，其後殿宇舊爲皇子居，後爲三通館，還有清字館。又西爲咸安官學。〔註51〕

武英殿東側，御河環繞，石橋一座，雕刻極精，爲諸橋之冠，俗呼斷虹橋，石欄杆斲極精，上有許多獅子，但一般傳說是猿，其中一石猿左手舞瓢，右手持裙，尤精絕，地廣數畝有古槐十八，排列成蔭，頗繞幽致。〔註52〕

武英殿之南，隔道爲房數所：東近午門，舊爲國史館，後爲膳房外庫，西爲外甃器庫，又西爲南薰殿，明代凡遇徽號冊封大典，閣臣率領中書、官篆寫金寶冊在此〔註53〕，乾隆十四年（1739），詔以內府所藏歷代帝后暨先聖名賢圖像〔註54〕（圖像明朝藏內府，清初仍之），尊藏於此，計有一百二十一軸，大小像片五百八十三張。殿前臥碑一，刻〈聖製南薰殿奉藏圖像記並詩〉。〔註55〕

明代西華門內，武英殿後還有一所別具一格的建築，名曰豹房，它是明武宗所建，專門飼養虎豹。

〔註50〕浴德堂與殿東北之恒壽齋皆詞臣校書直次。
〔註51〕陳編，前引書，第一編第三〈宮闕〉，頁55～56。
〔註52〕同註35。
〔註53〕呂毖，《明宮史》（台北：台灣商務印書館，影印四庫全書文淵閣本），卷一。
〔註54〕這些圖像今大都存放於台北故宮博物院，又清代諸帝圖像原存景山壽皇殿，供清室後裔祭祀，未帶到台灣。清代帝后圖像現藏北京故宮博物院。
〔註55〕朱偰，《北京宮闕圖說》（台北：古亭書屋，1970年12月重印），第二章〈外朝及內廷〉，頁30～31。

明代宮禁圖

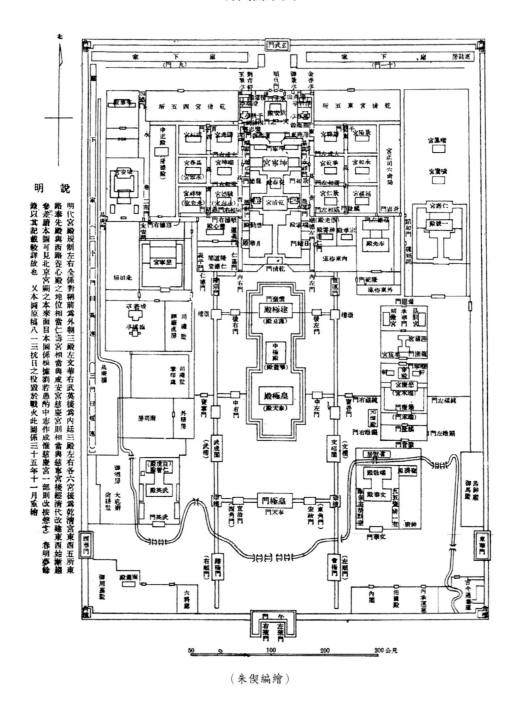

（朱偰編繪）

紫禁城平面圖

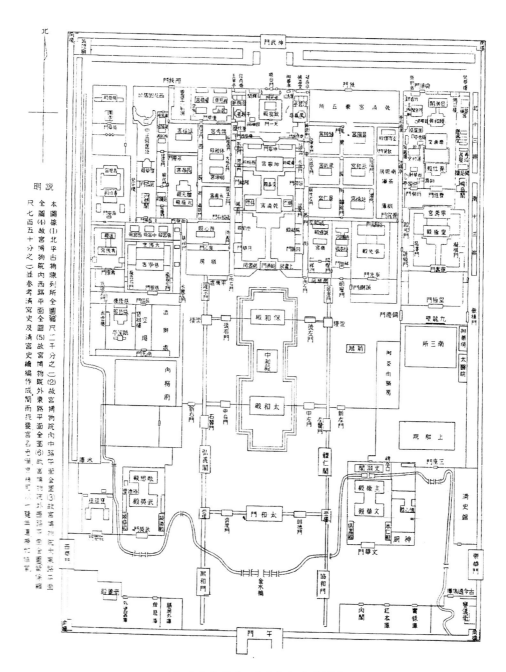

（取自朱偰編繪，《北京宮闕圖說》）

第五節　內廷及御花園

保和殿後面，有一寬闊的地段，被稱為「橫街」。

乾清門以北為內廷，此處距離午門約六百公尺。內廷殿宇眾多，千門萬戶，目迷五色，但形式上跟前三殿大體相似，中路是乾清宮、交泰殿和坤寧宮，兩旁是東西十二宮，都有前殿、後寢、周圍廊子、配殿、宮門等等，大小諸殿門群立蔚為豪壯華麗，飾以宮燈、聯對、繡榻、龍床，在各座殿堂周圍還有四公尺高、二公尺寬的小宮牆，自成一個體系。

清代禁城以內到黃昏時，除了值班乾清宮的侍衛外，上自王公大臣下至最低賤的伕役（即蘇拉）全走得乾乾淨淨，除了皇帝自家人之外，再沒有一個真正的男性。

民國十四年（1925），故宮博物院開放以後，將內廷區分為五路：中路、東路、西路、外東路、外西路。本論文亦按照這種路線來撰寫，但非有絕對的方法，因宮殿座落位置因人、時區分不同，中路明代名曰中宮，除了乾清、交泰、坤寧三宮是歸皇帝及皇后居住而外，御花園（瓊苑）亦在中路。東路原為皇子們所住，所謂「東宮太子」。西路的宮室都較寬大，為皇太后、皇后及先皇帝的妃嬪等居住，所謂「西宮」。外西路除已燒燬的西花園等處外，多為老妃嬪居住之所。外東路統稱寧壽宮，乾隆帝、西太后均曾住過。

中路的配置與外朝三殿大體相似，不過規模略小，其範圍包括五處：

　（一）乾清門，包括上書房、南書房各室。

　（二）乾清宮，包括弘德殿，昭仁殿及兩廡懋勤殿、端凝殿、批本處、內奏事處、御茶房、自鳴鐘、御藥房各處。

　（三）交泰殿，包括東配殿、西配殿。

　（四）坤寧宮，包括東煖殿、西煖殿、壽藥房各處。

　（五）御花園，包括延暉閣、澄瑞亭、千秋亭、養性齋、欽安殿、絳雪軒、萬春亭、浮碧亭、摛藻室、御景亭各處。〔註56〕

乾清門　保和殿北，北門正中南嚮，門廣五楹，中有三陛，三層，各九級，周以石闌，列金獅二頭，兩邊有八字照壁，左右分開，色彩斑爛，另有金缸八個。門東為內左門，門之西為內右門，皆南嚮。其前東出者為景運門，西出者為隆宗門，門各五楹，東西嚮。內左門之東，內右門之西，周廬

〔註56〕見吳劍煌，〈遊清宮中路紀略〉（載《東方雜誌》二十二卷十三號）。

故宮中路平面圖

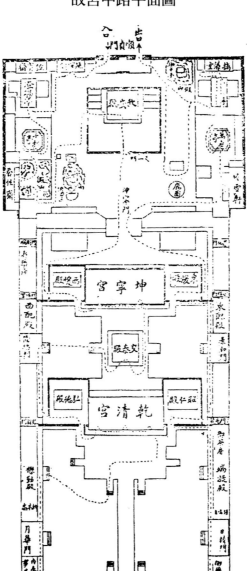

各十二。東爲外奏事處，散秩大臣值班處，文武大臣待漏之所及侍衛值宿
房，又稱爲九卿房。西爲軍機處總管（每天有軍機大臣值班，軍機大臣由內
閣大學士和各部尚書、侍郎中選任，每天都可能被皇帝召見，由皇帝授意，
草擬諭旨）、內務府大臣辦事處及侍衛值宿房，皆南嚮，其南相對周廬各五。

東爲宗室王公奏事待漏之所，西爲軍機章京直舍皆北嚮，其南井亭各一。乾清門外東有景運門、西有隆宗門，清沿明制，順治十二年（1655）重建，乾清門左右各值廬十二，又景運、乾清二門南各直廬五，俱乾隆十二年（1747）建〔註57〕，兩門建制相同，平時它們是文武大臣進出內廷的大門。今隆宗門橡桶上，著鐵箭鏃數枝，門內外均有，爲嘉慶十八年（1813），林清攻入宮城時所留（林清部由東、西華門突入紫禁城，直抵養心殿附近）。

清代自康熙朝，皇帝御門聽政於此，雍、乾、嘉、道，咸躍行勿替，咸豐朝以後遂無聞焉〔註58〕。御門時凡王公大臣、大學士、內閣學士，各部院、九卿、科、道、侍衛、記注諸官皆侍班；凡奏事、題本、除授、引見皆此舉行。

乾清門之左右有上書房及南書房。

上書房在乾清宮之左，清代皇子皇孫讀書之所，清高宗御筆匾曰：「養正毓德」，皇子六歲於此讀書，床著布置完好，上書房階下爲習射之所，皇帝當政事之暇，輒呼皇子王子習射，諸師傅善射亦與。宣統年間，醇親王攝政，常聽政於此，中間祀孔子。

乾清宮 乾清門內左右有二陛，中路甬道相屬，正中南嚮者爲乾清宮。乾清宮，是內廷正殿，也是明清兩朝皇帝的臥室與日常辦公的地方，節日時在此大宴群臣，另外皇帝崩殂停靈柩於此。正面十柱，東西四十五・五公尺，南北二十・五公尺。明代是皇帝的寢宮〔註59〕。明末的移宮案，即以爭奪居住乾清宮而爆發皇位繼承的政爭。清雍正以後作爲皇帝辦理日常政務、召見百官所，清末亦在此接見外國使節。中設寶座，上懸清世祖題「正大光明」的匾額〔註60〕，兩楹，懸清高宗摹清聖祖筆聯曰：

　　表正萬邦　　慎厥身修思永
　　弘敷五典　　無輕民事維艱

〔註57〕《清宮述聞》，卷四。
〔註58〕同註57。
〔註59〕明末神宗、光宗、熹宗、思宗的寢宮。崇禎元年八月初四日，題敬天法祖牌。
〔註60〕按《清宮遺聞・大內密封匣條》：「世宗性雄猜，自以奪嫡踐位，恐兆爭端，乃於即位後，御乾清宮，召王大臣入，諭以建儲一事，必須詳慎……今親寫密封，存之匣內，置乾清宮世祖御書正大光明匾額之後，宮中最高處，以備不虞，永爲定例，永爲定例，諸臣奏聖見周詳，臣等遵議，乃令諸臣退，只留總管事務大臣，親書應立皇子名，密封錦匣收貯。」

後扆，懸清高宗五屏風銘。東壁，懸清聖祖御筆墨蘭亭序；西壁，懸唐岱、孫祜合仿李唐寒谷先春圖，東暖閣內，匾曰：「抑齋」；西暖閣內，匾曰：「溫室」皆清高宗御筆。西暖閣北楹上，懸乾隆書乾清宮銘。殿前列銅龜鶴各二，日圭、嘉量各一，寶鼎四，東西丹陛之下有文石臺二，上安設銅質鎏金社稷、江山金殿，其周圍配置了二十八宿象的石獸。宮前陳設太和殿相似。

乾清宮門額

乾清宮寶座，正大光明匾額後藏清代嗣儲君的名字

　　按乾清宮原爲明永樂年間建，正德九年（1514）燬於火，十六年復建，萬曆二十四年（1596），二十五年重建，明末復毀，清順治十二年（1655）重建，康熙八年（1669）重修，嘉慶二年（1797）災，重建，即今之殿宇。

　　乾清宮之東，爲昭仁殿，南嚮，原名宏德殿，明萬曆十一年（1583）四月，改雝肅殿爲宏德殿，遂改宏德殿爲昭仁殿，明思宗殉國前手刃其女昭仁公主於此。清聖祖時爲常寢，興溫室，清高宗敕檢內府書善本，宋版、金版、元版、明版，以及手鈔本的珍本書籍庋藏於此，輯成《天祿琳瑯書目》十卷，這是所謂《天祿琳瑯前編》著錄書四百種，御書額曰「天祿琳瑯」（乾隆係取漢代宮中藏書天祿閣的故事）（乾隆九年（1744）詔編），今殿爲嘉慶二年（1797）重建，原殿於同年二次被焚，書全部被燬，又輯後編，爲目凡三十卷，著錄書六六四種，後編所在故宮博物院統計，宋版存 2／10、元版存 1／2、明版存 2／3。殿後西室匾曰：「五經萃室」乾隆敕彙貯宋‧岳珂校刻五經（全編九十卷）於此，今亦不復存於此室。〔註61〕

　　乾清宮之西，爲弘德殿，南嚮，原名雝肅殿，萬曆十一年四月，改宏德殿，而以舊宏德殿爲昭仁殿，清代爲皇帝傳膳辦事之處，嘉慶二年重建，傳聞清文宗嘗寢興於此。殿內清高宗御筆匾曰：「奉三無私」；北壁，懸清高宗書：「大寶箴」；後室匾曰：「太古心」，清穆宗曾讀書於此。殿西鳳彩門旁，爲明天啓時，奉聖夫人值房。〔註62〕

昭仁殿之一部

〔註61〕 朱著，前引書，頁35。
〔註62〕 朱著，前引書，頁36。

昭仁殿內部

故宮的琉璃門、紅牆及鎏金銅缸

乾清宮前的銅鼎

乾清門與乾清宮之間，東廡由南而北有：御藥房（內祀藥王，存有藥品）、日精門、自鳴鐘（內有清聖祖御筆匾曰：「敬天」）、端凝殿（舊為貯冕弁之所，殿名取端冕凝旒之義。內有清聖祖御筆匾曰：「執事」）、御茶房及龍光門。西廡由南而北有內奏事處（每日內外臣工所進奏章，俱由內奏事處進呈）、月華門、批本處（清內閣票擬及本章，則由批本處進呈，內有清聖祖御筆匾曰：「慎幾微凡」）、懋勤殿（清聖祖幼年讀書於此，後為內廷翰林兼值之所；圖書翰墨頗多，皆黃陵包角，外裹黃函，訂裝殊雅，光緒帝變法於此詔開懋勤殿議國是。內有清高宗御筆匾曰：「基命宥密」）、鳳彩門。〔註63〕

交泰殿　永樂時的省躬殿，方十六公尺，在乾清宮與坤寧宮之間。明代曾為皇后寢宮、皇后生日也是在這裡受賀。殿制與中和殿同。內圓頂滲金雕刻花紋極精緻。殿內儲寶璽凡二十五顆，承以朱架，裹以黃綾，依次排列。殿之東側有乾隆年製之中國古代計時器——銅壺滴漏，放在木造的小閣，此閣雕楹刻桷，玲瓏可愛；西偏有二百年前國人製造的大自鳴鐘，鐘式與普通鐘樓上之自鳴鐘無異，鐘座雕刻，精巧與銅漏同〔註64〕。每年春季皇后在這裡喂養一些蠶，據說是給婦女做榜樣。

殿內中懸清高宗摹聖祖御筆匾「無為」，兩楹懸清高宗聯：

恒久咸和　迓天庥而滋至

關雎麟趾　立王化之始基

〔註63〕同註35、註56。

〔註64〕同註56。

交泰殿外景

交泰殿內的銅壺滴漏

交泰殿內景

寶座後懸掛四扇乾隆御書〈交泰殿銘〉。交泰殿清沿明制，順治十二年（1655）建，康熙八年（1669）、嘉慶二年（1797）重修〔註65〕。殿立有清世祖鑒於明閹之弊，而戒內官不可干預政事之鐵牌。〔註66〕

　　交泰殿之東為景和門，西為隆福門；東北為東配殿，西北為西配殿。東

〔註65〕余榮昌等編，前引書，卷二，頁31。

〔註66〕見小橫香室主人編，《清宮遺聞》（上海：中華書局，1915年出版），〈內宮之制〉，頁46。

配殿之北爲永祥門，西配殿之北爲增瑞門。

坤寧宮 交泰殿後正中南嚮者爲坤寧宮。坤寧宮在明代原爲皇后的寢宮〔註67〕，所謂中宮即此。皇帝大婚時在這裡舉行三天儀典，三天以後皇帝、皇后各回自己所住的宮室。明代宮後有鞦韆，清明節宮眷遊戲於此。廣九楹，靠在牆陳列著一乘轎子，裡外包著紅黃緞子，綉著精致的龍鳳，是皇后嫁過來所乘的。左爲東暖殿，右爲西暖殿，東廡爲壽膳房，西廡爲壽藥房，宮前丹陛與乾清宮相屬〔註68〕。滿俗凡祭必於正寢。故中三間改爲祭天跳神之所，此乃依照盛京（瀋陽）清寧宮的舊制。東有長桌一，以宰牲，後有鉅鍋三，以煮祭肉；西有布偶人及畫像，即所祭之神。壁上懸布袋，俗名「子孫袋」，內儲幼年男女更換之舊額〔註69〕。此外銅鈴拍板布幔等物，均祭時的「薩摩」（就等於女巫一樣）歌舞所用。其南北沿邊各有長炕，則祭後侍衛賜胙處。宮前右側的神竿，俗名「祖宗杆子」〔註70〕，乃於祭天時懸所宰牲之肉骨於竿子，於竿下跳神。〔註71〕

宮之東暖閣有三間，爲皇帝大婚合卺之所（新婚之房），臨窗南面爲大炕，名龍鳳喜牀，障門設雙喜字木屏風〔註72〕。閣內懸清高宗書坤寧宮銘，匾曰：「福德相」。西暖閣亦乾隆聯曰：

春靄瑤墀　綵霞呈五色

瑞凝綺閣　琪樹燦三珠

宮之東暖殿，清世宗匾曰：「位正坤元」。西暖殿，清高宗匾曰：「德洽六宮」〔註73〕，內有各種藥品。

〔註67〕同註53。

〔註68〕余榮昌等編，前引書，卷二，頁31。

〔註69〕滿俗幼年男女身均配鎖。男至成婚，女至出嫁而止，每年歲末，將舊鎖更換，儲此袋中。皇帝洞房裡掛著寶刀和皮袋，刀是鎮邪用，皮袋是裝鎖匙的，意味著鎖匙交給皇后之後她就成爲家務的總管了。

〔註70〕這種「祖宗杆子」，在清宮及王府中均有，是一根像長槍形的木杆豎在祭祖先的祠堂外庭中，木杆頂端有一個方形像枰量穀物的東西，裡面經常擺了雜穀，用以供給烏鴉和喜鵲來吃。此杆即使連影子，也不許任何人用腳去踩。相傳清朝先祖凡察有一次在部落戰爭中被圍，孤身突圍，敵人窮追不捨，無處可避，這時他站在一堆枯樹中，忽然有一隻像烏鴉又像喜鵲的鳥飛來立在他的頭上，追兵遠望以爲他是枯樹，便轉向而去，因此神杆的設立，是一種崇德報恩，不敢忘本的敬意。

〔註71〕朱著，前引書，頁37。

〔註72〕余榮昌等編，前引書，卷二，頁31。又康熙、同治、光緒在這裡成婚。

〔註73〕朱著，前引書，頁38。

坤寧宮

坤寧宮內之洞房

「大清嗣天子寶」銀鍍金寶璽

坤寧宮寶刀與皮袋

宮後北內正中為坤寧門，舊曰廣運門，嘉靖十四年（1535）改曰坤寧門；而改欽安殿後舊坤寧門曰順貞門。

坤寧門內左東出者為基化門，右西出者為端則門，門內有左右兩廡，右廡西北隅舊為太醫值房。坤寧門外為御花園。

御花園 故宮中路，極北為瓊苑，景色出美，花草宜人奇石羅布，佳木鬱蔥，古柏爪槐皆數百年物，牡丹多株，遍植在樹陰籬畔。

御花園始建於明永樂十五年（1417），園中建築上承元代。範圍自成一區，左曰瓊苑東門，右曰瓊苑西門，南入坤寧門，北出順貞門。苑周繚以紅垣。順貞門之正北即為神武門。〔註74〕

園總計有五個出入口，東西長一百三十多公尺，南北深深九十公尺，佔

〔註74〕朱著，前引書，第四章〈御花園〉，頁49。

地面積一萬二千平方公尺，是以建築爲主體的「宮廷式」花園，佈置方法基本上按照宮殿主次相輔，左右對稱的格局來安排，山石樹木做爲陪襯建築和庭院的景物，與三海和諸園的佈局章法有所不同。此因佈局緊湊，建築富麗取勝；在莊嚴整齊之中，力求變化，富有濃厚的「宮廷」氣氛。

集福門

御花園北門──順貞門

浮碧亭

　　由北門順貞門入，內復有重垣，三面闢門，日承光、廷和、集福。門內東行，假山倚垣由平地騰空而起，用多種形狀的太湖石疊成。高與垣齊，像雲霧層層、巍峨壯觀，名堆秀，這是園中最大的盆景、台景；御景亭立其上，臨御景亭可四望，景致各殊。假山巔有石洞，上通亭中，洞有口，御書「雲根」二字以讚其美。堆秀山址，原為觀花殿，明萬曆十一年（1583）拆去，

推石爲山，後來成爲皇帝在秋高氣爽的重陽時節登高吟詩之地。堆秀山東西各通小徑上下；緣東徑下爲池，池矩形，周砌石欄，中蓄金麟。架池上爲亭，曰浮碧，亭內天花板都是五彩百花圖案，東西邊可憑欄觀魚，南北相通於平地。池北有摛藻室，向爲藏秘笈之所，爲南嚮五間懸山殿，有額曰：「摛藻抒華」，堂中藏四庫全書薈要，自堂南過浮碧亭，前有連理柏一株，四面花木圍繞，清幽絕俗，出竹籬，有萬春亭矗於中道，是一座上圓下方四面出廈的重檐亭子。亭平面作十字形，基座四面出陛，周圍安白玉石欄杆，柱額門窗朱漆彩繪，配置黃琉璃瓦，金碧輝映，光彩奪目。亭東迤南，負苑東垣爲平房，舊總管太監劉某所居。接平房而南，有絳雪軒，前有湖石玲瓏的大台景，乾隆與群臣唱和，溥儀宴待外賓，悉在此所，面寬五間，旁帶一耳，前出廈三間，形如凸字，梁棟間畫綠色竹紋彩圖，門窗裝修一概楠木本色，窗格是「萬壽無疆」的花紋。軒西向，檐前出爲廊，廊外構木作高架，所以設簾幕蔽日光者也。軒前有太平花一樹，每夏著花淺紅，四瓣密蕊，聯綴酸香，斐然。相傳出自西蜀青城山中，宋天聖中獻汴都，傳聞爲平金川時所進。軒南爲苑左門，通東一長街。折而向西，南面之中爲坤寧門；門東西各有平房爲太監所居，坤寧門之北爲天一門，位於欽安殿圍垣南牆上。嘉靖十四年（1535）四月，額爲天一之門，最天一生水之義，謂可防火，清時改爲天一門（天一：星名，在紫微宮門外右）。爲一水磨磚造的單元夯門，歇山式黃琉璃瓦頂，兩挾有黃琉璃影壁。門前列金麟二及銅鼎，奇石夾岞道旁，排列許多奇石盆景、小台景，點綴甚佳。欽安殿爲明代所建，奉玄武神，殿內有清高宗御筆匾曰：「統握元樞」，是一座面闊四間重檐結構的高大殿宇，也是全園中央的主體建築。殿基爲須彌座式的石台，殿的上頂是平頂四坡式的「盝頂」，黃色琉璃瓦，圍脊當中安鎏金寶頂，四角吻獸斜出四條垂脊。天一門東南有襖賞亭，亭南亦有集卉亭。天一門西南小石山旁，有溥儀豢鹿之圄，其西假山起伏，竹籬相隔，區成苑西南一小院落，養性齋（明代名樂志齋）位於西，東嚮，平面作ㄇ字形，位於石基臺之上。齋本溥儀從英人莊士敦（Reginald F. Johnston）讀書處也，室中陳設多新美。齋南爲苑右門，通西一長街。齋北，越籬爲千秋亭，亭東北皆皆爲籬，籬東有四神祠。祠西平房負苑西垣南北延。最北有小門，門內拾級登苑西垣上，至於重華宮之晾臺。千秋亭北，澄瑞亭凌池，若浮碧亭然；浮碧爲涼亭，而澄瑞爲暖閣，具戶牖。亭西池南有室，通重華宮處；東爲板籬，盡板籬之北，西爲位育齋（明代名對育齋）五間，齋東爲

延暉閣（明代名清望閣），閣內存列朝聖訓，閣三間，爲重檐二層樓，卷棚歇山頂，黃色琉璃瓦，高坪御景亭。〔註75〕

御花園天一門，古代建都即注重園林，文王時代已有靈沼。洛陽花木之盛，尤所著稱。

養性齋

〔註75〕參看魏建功〈「瓊苑記」——瑣碎的記載清故宮之十一〉（載《京報副刊》收錄於《東方雜誌》二十二卷十三號）。

第六節　內外東西路

內東路　包括東六宮，乾清宮東五所，玄穹寶殿，誠肅殿、齋宮、毓慶宮、惇本殿、奉先殿、南果房等。

自日精門之東，為東一長街，南即內左門，中為近光左門，北為長寧左門，由近光左門而北，向西之門凡三：咸和左門、廣生左門、大成左門。咸和左門東相對為景曜門，中間南嚮為景仁門，門內為景仁宮；廣生左門東相對為履和門，中間南嚮者為承乾門，門內為承乾宮；大成左門東相對為凝瑞門，中間南嚮者為鍾粹門，門內為鍾粹宮。三宮之東為東二長街南則麟趾門，北則千嬰門，街東與景曜門相對者為凝祥門，再東為昭華門，中間南嚮者延禧門，門內為延禧宮。與履和門相對者為德陽門，再東為仁澤門，中間南嚮者為永和門，門內為永和宮。與凝瑞門相對者為昌祺門，再東為衍瑞門，中間南嚮者為景陽門，門內為景陽宮，其後為學詩堂。景陽宮東有小長街，街南嚮，東直出者為蒼震門，其北嚮西者為欽昊門，門中南嚮為天穹門，門內為玄穹寶殿。日精門長街之南，嚮東為仁祥門，再東相對為陽曜門，正中為齋宮，殿曰孚禺殿。齋宮之東為毓慶宮，殿曰惇本殿，前為旭祥門，外為前星門〔註76〕。前星門南為誠肅門，轉東北為奉先門，門內為奉先殿（天穹門即玄穹門，避康熙諱）。

上面所提的景仁宮、承乾宮、鍾粹宮、延禧宮、永和宮、景陽宮為東六宮，現述於後：

景仁宮　原名長寧宮，嘉靖十四年（1535）、隆慶元年（1567）曾加維修，順治十二年（1655）重建，1930 年再次維修。迎門的漢白玉石屏，據說是元代遺物。康熙皇帝於此出生。順治、雍正、嘉慶的皇后都曾以此為寢宮。清末為光緒珍妃的寢宮，珍妃死後，一直就沒有人住過。宮五楹南向，崇階三出。正中懸乾隆筆匾曰「贊德宮闈」。

景仁宮的平面佈局是兩進三合院之形式，院門為琉璃門，門內設石影壁，繞過影壁即可見到景仁宮正殿。殿前有寬廣的月台。正殿是南向面寬五間的殿座，歇山式屋頂，上鋪黃色琉璃瓦。院內有東西配殿，配殿南北均有耳房。

〔註76〕見《清朝通志》（台北：新興書局，1959 年 7 月初版），卷三十二〈都邑略一〉。

承乾宮

景仁宮（珍妃平時居處）

在正殿的東西兩旁設有將前後院隔開的卡牆。過卡牆門到後院，有後院正殿、東西配殿及耳房。後院西南角有井亭一座。景仁宮的平面佈局仍保留了明代所建東西六宮標準式的前堂後寢、兩進三合院的格局。〔註77〕

承乾宮 原名永寧宮，嘉靖十四年更名承乾宮，明代為東宮娘娘居所，順治十二年重建，仍用承乾之名，為清世祖董后生前所居，後來這裡長久無人居住，早已淪為豢養魚鳥之所，到宣統時，已是滿院榛蕪，檐瓦圮側，故宮博物院曾重加修理〔註78〕。宮五楹南嚮，崇階三出。正中懸清高宗御筆匾曰：「德成柔順」；聯曰：「三秀草呈雲彩煥，草年枝茂露香凝。」

鍾粹宮 本宮初名咸陽宮。建於永樂十八年（1420）嘉靖十四年（1535）五月十一日更名鍾粹宮，咸陽門改稱鍾粹門。隆慶五年（1571）十一月二十日又更名為興龍宮，後殿為聖哲殿。清初復改鍾粹宮，順治十二年重建，到了乾隆時代又重修。正殿仍為明代早期原物。

明代早期，此宮為妃嬪所居，中葉後，隆慶時期為皇太子所居，到清代又成為太后和后妃們的生活區。清代晚期，慈安太后和隆裕皇后曾先後在此宮居住，因此慈安稱為東太后。宣統帝初入宮正位時，亦曾住過。

鍾粹宮，南北長四十七‧三八公尺，東西寬四十七‧九十公尺，院平面近方形，佔地面積二二六九‧五十平方公尺，分成前後兩進院。前院主座正殿即鍾粹宮，座北朝南，地面至屋頂（正脊上皮）高十一‧一二公尺，是一座面闊五間、前出廊、單檐歇山頂大殿。東西配殿各三間，前出廊，單檐硬山頂。正殿左右轉角廊與配殿前郎相連，正門為鍾粹門，座北朝南，是一座帶斗栱的單檐歇山頂琉璃門、左右嵌有琉璃花飾照壁，門內有懸山捲棚頂倒座式垂花門，垂蓮柱下置四扇屏門，門兩側依南牆有遊廊，與垂花門及東西配殿前廊相通，形成三合院帶周圍迴廊格局。第二進院，中間有北向甬路，高出地面，與前後殿相通。後殿也是一正兩廂的三合院，不過較前院規模略小，屋頂都是較低等級的硬山式。後殿兩側有低矮的東西耳房，前有卡牆，自成小區。院內右側有井亭一座。鍾粹宮這組建築是一座典型的宮中宅院。〔註79〕

〔註77〕白麗娟，〈景仁宮正殿外檐裝修〉（《故宮博物院院刊》，1984年第三期）。

〔註78〕那志良，《故宮四十年》（台北：台灣商務印書館，1966年10月初版），（四）〈故宮博物院的鼎盛時期〉，七〈宮殿修繕〉，頁44。

〔註79〕鄭連章，〈紫禁城鍾粹宮建造年代考實〉（《故宮博物院院刊》，1984年第四期）。

東六宮一隅

鍾粹宮

延禧宮 明妃嬪寢宮。舊時宮中懸乾隆帝御筆匾曰：「愼贊徽音」，清末，宣統時，隆裕皇太后曾將此宮改爲「水晶宮」，宮周修池，引玉泉水環繞，殿上窗櫺，殿頂承塵全部嵌以玻璃，辛亥革命爆發改建工程尚未完工，民國六年（1917），復辟事件時，爲直系砲彈所毀，民國二十年（1931），故宮博物院因延禧宮是宮內最破舊的一所宮殿，當然不能任其倒塌，索性把它拆去，改了一所新式的庫房，成爲宮中唯一用鋼骨水泥建修的新式建築。

永和宮　原名永安宮，明崇禎時更名永和宮，康熙二十五年（1686）重建。光緒時，瑾妃住在這裡過。宮五楹南嚮，前有複簷，崇階三出，雕樑畫棟，制極精美，正中懸清高宗御筆匾曰：「儀昭淑慎」。

景陽宮　原名長陽宮，明嘉靖十四年更名景陽宮，明孝靖后（神宗后）曾居之，康熙二十五年重修後，向來就沒有人住過。為貯圖書之處。宮三楹南嚮，崇階三出。正中懸清高宗御筆匾曰：「柔嘉肅敬」；聯曰：「詩以志言，景行三代上；東為春位，陽德萬方同。」後殿又稱御書房，懸清高宗御筆匾曰：「學詩堂」；聯曰：「多識本探風雅頌，僅存古匯畫書詩。」乾隆辛卯，鑒定內府所藏宋高宗書〈毛詩〉，及馬和之所繪〈圖卷〉，彙貯於此。

景陽宮後殿又稱御書房

西六宮一隅

　　以爲東六宮，東六宮之北爲乾清宮東五所，簡稱乾東五所，清初爲皇子的住處。其中最東的兩所是嘉慶當皇子時所居。嘉慶成婚後移居擷芳殿。乾東五所的用處也從此有所變化，中間一所成了敬事房。左邊兩所分別爲四執庫和古董房。右邊兩所分別爲壽樂房和如意館。四執庫是清宮中專門收藏皇帝四季所用冠袍衣帶、鞋履、被褥和幃帳的地方。如意館是畫工爲帝后畫畫的地方。〔註80〕

　　齋宮　清雍正九年建，凡南郊及祈穀常雩大祀致齋於此，因雍正得位是與弟、兄鬥爭而來，即位後仍持續數年，因此行動起居，警蹕特甚，根據以前制度，舉行祭天大典，皇帝要在天壇齋宿，到雍正始移於此。後沿此例皇帝到天壇及地壇祭天地時先於此吃一天齋，後來用爲帝師退憩的地點。前殿五楹，中設寶座，清高宗匾曰「敬天」，後殿匾曰「誠肅殿」，是皇帝吃齋時所住的地方。西偏，即寢宮（齋宮、毓慶宮爲明代弘孝、神霄二殿所改）。

　　毓慶宮　嘉慶受封爲皇太子後，自擷芳殿移住此宮，也是光緒帝小時候唸書的地方，院子很小，房子也不大，是一座「工」字形的宮殿，緊緊地夾在兩排又矮又小的配房之間。裡面隔成許多小間，只有西邊較大的兩敞間用做書房，其餘都是空著的書房，佈置簡單：南窗下爲一張長條匹，上面除設著帽筒、花瓶等。靠西墻是一溜匹（書桌）。靠此板壁擺著兩張桌子，爲放書籍文具的地方，靠東板壁是一溜椅子、茶几。〔註81〕

　　奉先殿　建於永樂十五年（1417），仿金陵之制，明朝以太廟時享未足展孝思之誠，復於宮內建奉先殿〔註82〕，如廟寢制。國家有太廟，以象外朝；有奉先殿以象內朝。每室一帝一后如太廟寢殿，其祔祧迭遷之禮亦如之。凡祀方丘，朝日、夕月、冊封、告祭及忌祭在焉。餘皆於太廟行之〔註83〕。終明之世，禮制爭議多，奉先殿往往成爲爭執中心。清順治十四年（1657）重建，前後殿各七楹，此殿專內供奉清代列聖、列后神牌，清制：皇帝逢每月的初一、十五、萬壽、元旦、冬至及國家盛大典禮，都要到奉先殿祭祀，如

〔註80〕　李學文、魏開肇、陳文良，《紫禁城漫錄》（河南人民出版社），頁240。

〔註81〕　愛新覺羅‧溥儀，《我的前半生》（北京：群眾書局，1964年），第二章〈我的童年〉，四〈毓慶宮讀書〉，頁61。

〔註82〕　明‧王三聘輯，《古今事物考》（台北：台灣商務印書館，1971年5月台一版），卷五，頁90。

〔註83〕　清‧孫承澤，《春明夢餘錄》，卷十八。

果不克親住，亦得派一近支王公爲代表。〔註84〕

　　玄穹寶殿　五楹南嚮，前置寶鼎，旁列龜鶴各二。祀昊天上帝。

　　另東六宮之東有南果房、茶庫、緞庫等，稱爲東三所。

毓慶宮

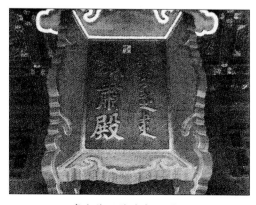

齋宮後殿的誠肅殿門額

〔註84〕秦仲龢譯寫、莊士頓著，《紫禁城的黃昏》（台北：新萬象出版社，1980年元月重印），〈1919～1924年的紫禁城〉。

內西路　此路包括：西六宮、重華宮、養心殿、御膳房等。

自月華門之西爲西一長街，南即內右門，中爲近光右門，北爲長寧右門，由近光石門而北嚮東之門凡三：咸和右門、廣生右門、大成右門。咸和右門西相對爲純佑門，中間南嚮者爲永壽門，內爲永壽宮。廣生右門西相對爲崇禧門，中間南嚮者爲翊坤門，門內爲翊坤宮，大成右門西相對爲長泰門，中間南嚮者曰儲秀門，門內爲儲秀宮。三宮之西爲西二長街，南則螽斯門，北則百子門，街西與純佑門相對者爲嘉祉門，再西爲啓祥門，中間南者亦曰啓祥門，門內爲啓祥宮；與崇禧門相對者曰敷華門，再西爲綏祉門，中間南嚮者爲長春門，門內爲長春宮，與長泰門相對者爲咸寧門，再西爲永慶門，中間南嚮者爲咸福門，門內爲咸福宮，百子門之北爲乾西五所，近東者

故宮的琉璃門之一——崇禧門

為重華宮，前為重華門，門內為崇敬殿，後即重華宮，宮之東廡為葆中殿，西廡為浴德殿，宮之後為翠雲館，宮之東為漱芳齋。又月華門之西相對者為遵義門，門西嚮南者為養心門，中為養心殿。〔註85〕

　　上面提到的永壽宮、翊坤宮、儲秀宮、啓祥宮、長春宮、咸福宮為西六宮，光緒十年（1884）慈禧太后為了慶祝她五十壽辰，就在一年前大肆修宮殿，連同賞賜、飲宴、唱戲等共耗費白銀達一百二十五萬兩，現在儲秀宮、翊坤宮、體和殿等處的彩畫、硬木雕花隔扇、楠木雕刻門窗以及殿外的銅龍、銅鶴等都是當年製作的。現述於後：

　　永壽宮　原名長樂宮，嘉靖十四年，更名為毓德宮，萬曆十四年又更名永壽宮，宮五楹南嚮；崇階五出（前三左右各一）。正中，懸清高宗御筆匾曰：「令儀淑德」。萬曆十八年（1590）皇帝在此召見大學士申時行。明季魏忠賢專橫，用此地為蹴踘處〔註86〕。順治恪妃、嘉慶如妃先後在此居住。

　　翊坤宮　原名萬安宮。嘉靖十四年（1535）五月更為翊坤宮，明代西宮李娘娘居此，為西宮妃嬪所居，清因之。慈禧太后為貴妃時亦嘗居之〔註87〕。宮五楹南嚮，前為長廊；廊前，列銅鼎二，鳳二，鶴二。正中，舊懸清高宗御筆匾曰：「懿恭婉順」；今懸慈禧書「履祿綏厚」。廊間有鞦韆二，並磚刻梁耀樞、陸潤庠書〈萬壽無疆賦〉。中三間有西洋樂器及盆景陳設等，東西二楹供孝欽顯、孝哲毅兩皇后影像。東廂為延洪殿，亦名慶雲齋；西廂為元和殿，亦名道德堂。〔註88〕

　　儲秀宮　原名壽昌宮，嘉靖十四年更名儲秀宮，清代仍名，順治十二年重建。宮五楹南嚮，前為長廊，與院東南西三邊長廊相屬。東西二廊壁基，遍雕斜卍字花紋，以碧藍色之琉璃為之，寶光映溢。廊前列銅鼎四，龍二，鹿二。宮內正中，懸清高宗御筆匾曰：「茂修內治」東壁懸張照敬書〈聖製西陵教蠶贊〉，西壁懸〈西陵教蠶圖〉，宮內陳設華麗居六宮之首，同治生

儲秀宮門額

〔註85〕同註76。
〔註86〕朱著，前引書，第三章〈十二宮〉，頁46。
〔註87〕陳編，前引書，第三〈宮闕〉，引《故宮考》，頁76。
〔註88〕朱著，前引書，第三章〈十二宮〉，頁46～47。

儲秀宮外景

儲秀宮內寶座

故宮內西路及外西路東側平面圖

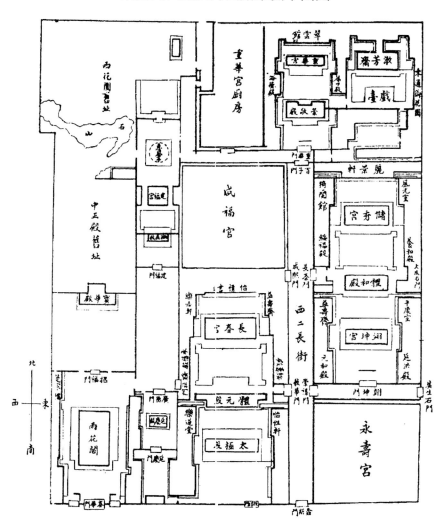

於此宮，慈禧因長期居此，故稱爲「西太后」。民國初年，爲宣統皇后婉容的
住所〔註89〕，中設寶座，東爲臥室，西爲浴室。東廂爲養和殿，匾曰：「熙天
曜日」；西廂爲綏福殿，匾曰：「和坤茂豫」。後殿爲麗景軒，民初遜帝皇后婉
容改爲西式食堂；東間有銅床，織金爲帳，窮奢極侈；西間壁上繪有〈瓊島
圖〉。軒東廂爲猗蘭館，西廂爲風光室。〔註90〕

〔註89〕謝敏聰編著，《中國歷史圖鑑》（台北：聯經出版事業公司，1978年10月初
　　　　版），〈附：清朝的都城──北京，紫禁城〉，頁401。
〔註90〕朱著，前引書，第三章〈十二宮〉，頁47。

太極殿　原名爲未央宮，嘉靖十四年更名啓祥宮，清末改太極殿。明世宗父出生於此，1924 年，溥儀出宮前爲同治瑜太妃的居所〔註91〕。殿五楹南嚮，中有寶座，前爲長廊，廊前列日晷及壺。殿內正中，懸清高宗御筆匾曰：「勤襄內政」。

太極殿（遠方爲雨華閣）

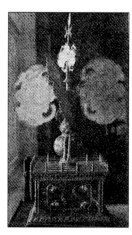

太極殿內用發條發動的風扇

太極殿內部陳設

皇宮裡冬天取暖用的景泰藍爐

長春宮　明嘉靖十四年（1535）五月更名永寧宮，萬曆四十三年（1621）復改爲長春。宮五楹南嚮，前爲長廊；與院東西南三面走廊相屬，四圍廊下所繪的紅樓夢故事，和兩廊的透視畫是有名的繪畫。宮內外裝飾，極爲華

〔註91〕陳編，前引書，第一編〈宮闕〉，引《故宮考》，頁 76。

麗。明代成妃李氏嘗居之；清代一直是皇后居住的地方，亦曾爲宣統皇帝淑妃的住所〔註 92〕，現均按原狀陳列有屏風及掌扇等。廊前列龜鶴各二。宮內正中，懸清高宗御筆匾曰：「敬修內則」；中設寶座，西一間爲臥室，西二間爲書房，案上陳各家小說；東一間爲浴室，東二間有櫥儲物。後殿懸乾隆御筆匾曰：「德協坤元」；西室匾曰：「德洽六宮」。西廂爲承禧殿，額曰「綏萬邦」，設有至聖先師神位，陳設西式；東廂曰綏壽殿，額曰「膺天慶」〔註 93〕。後殿額曰：「怡情長史」，中置后妃冊寶。

長春宮門額

長春宮內部陳設

〔註92〕同註 89。
〔註93〕朱著，前引書，第二章〈十二宮〉，頁 47～48。

　　咸福宮　明永樂年間建，原名壽安宮，嘉靖十四年改爲咸福宮。清康熙二十二年重修。建築形式是：宮牆、琉璃門，院中有影壁門一座。前正殿三間，廡殿式，前有露台。前檐隔扇門，隔扇窗坎牆。後檐中間爲隔扇門，左右是後檐牆。室內：頂有海墁天花，樑棟均彩畫，柱髹朱，後金柱中間屏四扇。東西配殿各三間，硬山式，外檐裝修與正殿同。後殿五間，硬山式，前檐中爲隔扇門，簾架，左右各二間均爲坎牆，支摘窗，後檐牆無窗。室內：前後檐柱間均安裝排叉落地罩，罩內均有木炕。中一間左右碧紗櫥，東間爲兩暗間，西間爲兩明間。頂棚白搪篦子糊紙。東西耳房各三間，有院。東西配殿各三間，外部與後正殿同。

明朝宮殿之一——咸福宮

　　咸福宮的形式，大體上還保持著明代風格，後正殿內部則爲清代中期的情況。東西六宮，凡未經改建的宮，都是差不多一樣的形式。〔註94〕

　　殿內正中，懸乾隆御書匾曰：「內職欽承」；聯曰：「一日萬幾，咸熙功有作；群黎百姓，福錫德無疆。」明萬曆時，惠王、桂王嘗共居之；嘉慶四年，帝亦嘗居此；同治帝即生於此；從慈禧之後，才利用這裏堆積各物。後殿，曰同道堂，懸乾隆御筆匾曰：「滋德含嘉」；聯曰：「天倪超萬象，神氣領三無。」〔註95〕

　　體和殿　康熙二十二年（1682）拆儲秀門，改建體和殿〔註96〕，凡五楹。

〔註94〕朱家溍，〈咸福宮的使用〉（《故宮博物院院刊》，1982年第一期）。
〔註95〕陳編，前引書，第一編第三〈宮闕〉，引《故宮考》，頁76。
〔註96〕同註95。

東西廂爲平康室益壽齋〔註97〕，前爲長廊，與儲秀宮廊相通。廊前列銅鼎四，鳳二。中三間倚窗設炕，多磁玉陳設，復有西洋樂器；西間爲宣統后書房；東室有銅床一座。殿曾爲慈禧住儲秀宮時吃飯的地方，此殿也曾是光緒選后定妃之地。

體和殿（珍妃被選之地）

體元殿

<hr />

〔註97〕陳編，前引書，第一編第三〈宮闕〉，引《故宮考》，頁76。

體元殿 在太極殿後，爲長春門舊址。長春、啓祥二宮既合併，以其址建此殿。東西兩廂爲怡性殿，樂道堂〔註 98〕。光緒年間慈禧太后曾居此殿。這座殿堂，屋簷宏麗，像座戲台的樣子，當年慈禧常叫小太監在這裡演戲。

以上爲西六宮及體和、體元二殿。

乾隆年間，以古后妃之有懿行美德者繪成《宮訓圖》十二幀，景仁宮繪〈燕姞夢蘭〉，承乾宮繪〈徐妃直諫〉，鍾粹宮〈許后奉案〉，延禧宮〈曹后重農〉，永和宮〈樊姬諫獵〉，景陽宮〈馬后練衣〉，儲秀宮〈西陵教蠶〉，啓祥宮〈姜后脫簪〉，長春宮〈太姒誨子〉，咸福宮〈婕妤當熊〉。遇年節則張掛，年事畢，收藏於景陽宮後之學詩堂，按《宮史》聯句詩註，僅載十圖，餘二圖缺。〔註 99〕

又東西十二宮中，以西六宮爲佳。尤以儲秀宮長廊之寶藍斜卍字琉璃浮雕，圖案巧妙，寶光蔚然，誠建築上不可多得之珍品。宮皆黃屋，單簷，宮門一重，朱扇銅釘，紅牆。〔註 100〕

明代西六宮與東六宮本爲門廡整齊對峙，清代以後，分別拆儲秀門及長春門，以其址分建體和、體元二殿，反乎，不若明代之劃一也。

西六宮北，與百子門相對另有一座院落，這就是原來的乾清宮西五所，簡稱乾西五所，院內主要建築爲崇敬殿、重華宮、漱芳齋、大戲樓。

重華宮 原爲乾西五所的東二所，清高宗舊邸，即位以後，爲重華宮。光緒十七年（1891）重修〔註 101〕。宮之東廡爲葆中殿，殿爲清高宗的書齋，稱「古香齋」，中有《古香齋袖珍本叢書》十種，凡三百六十冊印行。西廡爲浴德殿。

崇敬殿 五楹，清高宗爲皇子時所書御製詩文有樂善堂集，即指此。殿前有乾隆書平定台灣重華宮茶宴廷臣翰林詩刻。乾隆中於元旦後三日，欽點王大臣之能詩者，曲宴於重華宮，演戲賜茶，仿柏梁制，皆命聯句，以紀其盛。復當席御製二章，命諸臣和之，後遂以爲常禮。中爲寶座。旁有紅雕漆盒，內有乾隆詩文稿。崇敬殿門額刻「樂善堂」，東西暖閣供佛，西暖閣有藏經。〔註 102〕

〔註 98〕陳編，前引書，第一編第三〈宮闕〉，引《故宮考》，頁 77。
〔註 99〕小橫香室主人編，前引書，〈宮訓〉，頁 41。另二圖爲永壽宮的「班姬辭輦」、翊坤宮的「昭容評詩」。
〔註 100〕朱著，前引書，第三章〈十二宮〉，頁 48。
〔註 101〕《清會典》，卷八六三。
〔註 102〕同註 2，第三〈宮闕〉，引《故宮考》，頁 78。

重華宮

漱芳齋大戲台

漱芳齋 重華宮東爲戲台，台前即爲漱芳齋。凡五楹，有穿堂以通後殿，作工字形，東室匾曰隨安室，同治瑨妃之印存此，西室曰芝蘭室。〔註103〕

───────────

〔註103〕同註102。

養心殿 除太和殿外，養心殿可謂清宮中最重要的地方，置於何時已不可考；惟明‧劉若愚《酌中志》，已載有養心殿〔註104〕。殿名取自孟子「養心莫善於寡欲」之意。〔註105〕

養心殿內的陳設

養心殿內的東煖閣（1901年攝影）

〔註104〕朱著，前引書，第五章〈養心殿奉先殿齋宮建福宮重華宮毓慶宮〉，頁57。
〔註105〕莊士頓著，前引書，頁27。

養心門

養心殿後是皇帝的寢殿

　　清康熙以前皆以乾清宮爲寢殿，從清世宗以後，清帝年紀稍長都要住到
這裡來，也就是以此爲宵旰寢興之所。並於此批閱重要奏摺，發佈諭旨，接
見近臣。咸豐五年（1855），文宗與僧格林沁，在此舉行最隆重的「君臣抱
兒」大禮；同治七年（1868），曾國藩由南京來，於此被召見三次；慈禧於此
垂簾聽政；隆裕太后的遜位詔書，亦於此頒佈；「復辟」後的溥儀亦於此召見
張勳，當面給他封賜。

　　宮殿呈「工」字形，前後殿相銜接，四周廊廡環繞。前殿七間，上懸清
世宗御筆匾曰：「中正仁和」，兩旁亦有「江山萬代」、「萬壽無疆」橫匾，屏
風上則刻有清高宗御筆的對聯和御筆詩，左右兩邊紫檀木大案上，整齊置著

列聖的〈聖諭〉、《史書》和《圖書集成》。

殿內東暖閣東牆，亦設有寶座與屏風。隔扇裏面為寢宮，置有落地罩的木匠，木匠舖著平金繡龍坐褥，兩頭放坑案，上面擺著小漆櫃，匠上掛有帳，清制：枕頭與被在皇帝睡覺之前由太監擺好，皇帝起床後撤走。閣中有清德宗御筆匾曰：「節用愛民」。

其西暖閣是皇帝批閱奏摺，處理重要文件之地，皇帝於此時間最多，有好多套間，彎彎曲曲，光線很暗，陳列許多佛像，還有佛塔，初一、十五喇嘛都要來唸經。閣頗為神秘，一跨進去，迎面牆上有畫，畫是雍正乾隆二人穿著漢裝，在古木林石之間悠然散步，這幅畫的後面，卻是一道暗門，以便意外時，皇帝可以從此逃出。閣中還掛有全國各省文武官員的職員表，總督以下知府以上，將軍以下總兵以上都有名字在上面。靠南有一間房子「三希堂」，藏有晉代三位書法家的字帖：王羲之的〈快雪帖〉、王獻之的〈中秋帖〉、王珣的〈伯遠帖〉。清高宗常於三希堂賞玩書畫，今流傳的三希堂法帖就是取名自此。清高宗除御筆匾曰：「三希堂」外，又御筆對聯，上聯「懷抱思今古」，下聯「深心託豪素」。

養心殿的後殿，東邊五間叫「體順堂」，為皇后住養心殿的寢宮，西邊北房五間叫「燕喜堂」，則是妃嬪陪皇帝睡覺的臨時住所。〔註106〕

御膳房　皇帝的廚房。皇帝吃飯曰進膳，開飯曰傳膳。當皇帝叫傳膳時，御前太監一聲聲傳開，先傳到養心殿明殿外的太監，於是一個傳一個，從養心殿傳到遵義門，再經西一長街的御膳房太監直到幾百公尺外的御膳房。御膳房接此命令，便把飯菜端到養心殿東暖閣〔註107〕。明代養心殿西南有祥寧宮，宮前向北者為無梁殿，為嘉靖中煉丹藥之所，吳長元宸垣識略中指為御膳房即其遺址。故宮還有很多小御膳房。

外東路　此路統名寧壽宮，這裡建築富麗堂皇表現了皇帝威武的氣勢，此地本明代仁壽宮、一號殿之故址。康熙二十七年（1688）始建，現存規模是乾隆四十一年（1796）完成，準備歸政尊養之用，乾隆希冀長壽，因此顯現於門額名稱如樂壽堂、符望閣。宮垣南北一百丈，東西三十六丈，占地約當內廷宮殿四分之一，規模俱仿內廷各正宮正殿。〔註108〕

〔註106〕田布衣著，前引書，十二〈皇帝的衣食住行──住──〉，頁45～46。
〔註107〕愛新覺羅‧溥儀，前引書，第二章〈我的童年〉，二〈帝王生活〉，頁50。
〔註108〕同註35。

故宮外東路平面圖

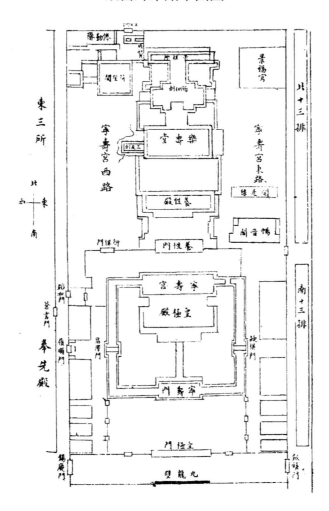

　　蒼震門外，街東爲寧壽宮，正中南嚮者曰皇極門，門外有九龍琉璃壁，雖與北海那座同時建成，但是華麗超過北海那座，九龍飛舞，威猛矯建、姿態生動。東出者爲斂禧門，西出者爲錫慶門，又西嚮者爲履順門、蹈和門，東嚮者爲保泰門。皇極門之內爲寧壽門，門內爲皇極殿，殿廡東出者爲凝祺門，西出者爲昌澤門，殿後爲寧壽宮，宮後亘以橫街，其東即保泰門，西即蹈和門，正中爲養性門，門內爲養性殿，殿後爲樂壽堂，堂後爲頤和軒，再後爲景祺閣。自保泰門之北爲暢音閣，其北與閣相對者爲閱是樓，閣後爲尋沿書屋，東北爲景福門，正中南嚮者爲景福宮，宮後爲梵華樓，稍西爲佛日樓。自蹈和門之內爲衍祺門，門內東宇額曰抑齋，齋後爲古華軒，軒後爲遂

初堂，堂之後爲延趣樓，北爲萃賞樓，其西爲雲光樓，額曰養和精舍。萃賞樓花相對者爲符望閣，閣後爲倦勤齋、符望閣，西門外爲玉粹軒。〔註109〕

此路重要宮殿分敘於後。

皇極殿　寧壽宮的正殿，制如乾清宮而略小，殿前的陳設與太和殿、乾清宮大略相似〔註110〕。嘉慶元年朔旦，授璽禮成，乾隆御殿受嘉慶袞衣採舞，晉萬萬壽觴，率天下萬國耆叟八千餘人，呼嵩抃蹈，一時丹墀上下紫垣內外，歡聲若雷，稱爲千叟宴，後來慈禧曾傳民間戲班進宮於此演戲。殿內楣間南嚮，中有寶座，上懸清高宗匾曰：「建極康寧」，殿中東設銅壺刻漏，西設自鳴鐘，東西各有暖閣。〔註111〕

光緒二十年（1894）慈禧六十歲生日，在皇極殿接受祝賀。到光緒三十年（1904）慈禧七十歲生日時，在這裏接見過美國、德國、比利時、英國、日本、法國等國的使節。

寧壽宮　內廷東廊（外東路）統名寧壽宮，內有一室，亦名寧壽宮。乾隆四十一年金川平定，還師奏凱，皇太后親臨此殿賜給皇帝珍膳，就階下賜成功將佐及近臣食物，自此之後，每逢佳節，凡在宮廷受賀，曲讌諸典時常到舉行。制如坤寧宮，七楹單簷，有陛與皇極殿相連。西楹，是太上皇帝敬奉薩蠻教（滿族早期的原始宗教，清入關後繼續信奉，直到清亡）神位的地方，以遵古制，有煮肉祭神大鍋吃肉木炕及滿族跳神法器等，東楹爲東暖閣，有清高宗御筆寧壽宮銘〔註112〕。乾隆三十七年（1772）將原康熙皇帝爲其母后所建的寧壽宮改爲皇極殿，而將原後殿改名寧壽宮。乾隆六十年歸政後，定此宮爲太上皇燕憩之所，一直到光緒親政，慈禧太后也住這裡。

養性殿　制如養心殿。殿台是借用孟子所說「存其心養其性以事天」，以涵養其天性。九楹南嚮，前廡三楹，爲敞廊，西附一楹。殿東壁，懸清高宗養性殿詩；西壁，懸清高宗題董誥畫之懿戒圖詩；東暖閣內，匾曰：「明窗」；東暖閣後，匾曰：「隨安堂」；室東匾曰：「儼若思」。西室匾曰：「墨雲室」，西楹之北間有塔院，爲奉佛之所。東西各有複室，曲折迴環，西屋並結石爲巖，中有坐禪處〔註113〕。此宮爲太上皇寢宮。

〔註109〕同註76。
〔註110〕同註89。
〔註111〕陳編，前引書，第一編第三〈宮闕〉，引《故宮考》，頁82。
〔註112〕同上註及朱著，前引書，第七章〈寧壽宮〉，頁69。
〔註113〕朱著，前引書，第七章〈寧壽宮〉，頁70。

寧壽門門額

寧壽門

樂壽堂　爲寧壽宮的書室，有迴廊四合與養性殿相屬。東西兩廡嵌著名的乾隆御書〈敬勝齋石刻本〉，是歷代書法家的筆跡。乾隆四十一年，題樂壽堂詩內附註有：「向以萬壽山背山臨水，因名其堂爲樂壽，屢有詩。後得董其日論書帖，知宋高宗內禪後，有樂壽老人之稱，喜其不約而同，因以名寧壽

宮書室，以待倦勤之所云云。」但後來乾隆皇帝又一再解釋其為人處事截然
不同於宋高宗。堂東西七楹（連兩廊九楹），南北三楹（連兩廊五楹），合共
二十一間。西楹北間為寢宮〔註114〕，寢宮東間，聯曰：「亭台總是長生境，鶴
鹿皆成不老仙。」西暖閣，聯曰：「智者樂兼仁者壽，月真慶值雪真祥」；西
次間，聯曰：「趣為水哉暢非俗，樂惟仁者寄於山。」樂壽堂樓上，匾曰：「與
和氣游」；後樓上下，北向皆有對聯；堂後，門內南嚮匾曰：「樂壽堂」。此堂
乾隆嘗寢居；慈禧在光緒二十年（1894）由儲秀宮移居此。〔註115〕

頤和軒和景祺閣　頤和軒，乾隆、嘉慶皇帝常在此題字賦詩，頤和軒取
「寧息養神，平和養生。」景祺閣是以迎大祥來到。東西七楹；南北四楹，
後有長廊與景祺閣相通；四周復有迴廊，前與樂壽堂，後與景祺閣相屬。軒
中間置玉雕福山壽海，後間置青玉琢大禹治水圖。正間匾曰：「太和充滿」；
後間匾曰：「導和養素」；東暖閣，南嚮匾曰：「隨安堂」；西暖閣，聯曰：「隨
時自適天倪協，即事多欣道味涵。」又穿堂門上（即長廊）嚮北匾曰：「引清
風」，嚮南匾曰：「挹明月」。最後為景祺閣，七楹南嚮，景祺閣東，有廳舍三
楹，左立山石，顏曰文峰閣，東山上有一亭曰翠鬟；下有石洞，曰雲竇。

暢音閣　大戲樓，內廷演劇之所。慈禧每年都在這裡「傳戲」，高三層。
上層匾曰：「暢音閣」，中層匾曰：「導和怡泰」，下層匾曰：「南天宣豫」。閣
內陳列朝會樂器。

景祺閣西間

〔註114〕《清宮史續編》（台北：台灣學生書局，1965年11月影印），卷五十九。
〔註115〕朱著，前引書，第七章〈寧壽宮〉，頁70。

閱是樓　五楹南嚮。閣是樓至暢音閣，四周皆有迴廊相屬。後垂衣門內爲尋沿房屋，後爲慶壽堂，後有二院落，院西中有石山，顏曰：「小有洞天」。

景福宮　昔爲清聖祖奉孝惠皇太后所〔註116〕乾隆四十九年（1784），因五代同慶，額曰：「五代五福堂」，係仿外西路建福宮靜怡軒之制。又五福堂係聖祖賜世宗匾額，高宗因喜見五代元孫（避康熙諱），因增二字書匾，定名爲景福堂〔註117〕。清高宗御筆匾曰：「芳徽純嘏」。

梵華樓、佛日樓　均爲奉佛之所。

乾隆花園　帝建此園時已四度南巡，飽覽了江南名園，醉心於江南佳景，所以乾隆花園內較之御花園、慈寧花園等顯著有了參差多姿靈活多趣的江南風格，但是從整體上又能與宮內其它建築融洽協調，因景借景，相互拱托，渾然一體，使這一東西寬不到四十公尺，南北長不到一百七十公尺的狹長花園的樓閣軒台各得其所。此園地形狹長，庭院較小，佈置了幾十座亭軒樓閣，此外則是假山樹林，整個地帶被建築填得十分飽滿，幾無餘地。南北長一百六十公尺，東北寬三十七公尺，合起來約六千平方公尺，人工手法較多〔註118〕，是一組四進院落。衍祺門爲園之正門，有假山爲屏障，中通一徑，是引人入園的洞口，小路一轉，便覺豁然開朗，古木參天，繁枝燦縵，院子四周山石起伏，正面一廳爲古華軒（軒額已毀）三楹南嚮，爲一敞廳，軒內迎面有雕漆雲龍對聯「明月清風無盡藏、長揪古柏是佳朋。」軒西南踞山石之上，爲禊賞亭，平面作凸形，這個亭子的命名和用意是爲了仿古人，在三月上巳之辰，舉行曲水流觴修禊的故事。古時流觴曲水，應是在小溪兩旁。大概唐宋以後，好事者便在無水的花園裏，用石刻製流杯的池子以代小溪。乾隆花園本無水源，也抄襲了做這樣一座，在南面假山後，藏巨甕蓄水，山下鑿出孔道，引水流入亭中流杯池，然後再由北面假山下孔道逶迤流入御溝中，上下水道都隱藏在假山下，好像源泉湧自山崖。亭中原刊有董其昌蘭亭，今無存，壁上石刻竹葉，極爲挺秀，亭後西北，爲旭輝亭。軒東南爲別院，有曲廊宛轉而入，爲矩亭，右轉爲抑齋，齋中爲佛堂。齋外山上，爲擷芳亭。

〔註116〕陳編，前引書，第一編第三〈宮闕〉，頁81、83。
〔註117〕陳編，前引書，第一編第三〈宮闕〉，引《故宮考》，頁84。
〔註118〕黃著，前引書，頁169。

宮門之一景

乾隆花園之一景

　　古華軒後垂花門內，爲遂初堂，堂後疊石爲屏。堂五楹南嚮，堂內，楣
間扇曰：「養素陶情」。堂東配殿，匾曰：「愜志舒懷」。堂西北爲延趣樓，
五楹東嚮。堂之小山上有聳秀亭，亭四柱，象徵士農工商爲國之四大柱石

〔註119〕，東南下爲三友軒，用歲寒三友松竹梅爲裝飾，僅有三楹，深藏山隖。聳秀亭之北爲萃賞樓，五楹南嚮，前後皆有走廊。西次室，匾曰「聚景」，樓上東室，匾曰「積芳」；西室，匾曰「延綠」。樓西有曲室，爲養和精舍，爲曲尺形，西樓上，匾曰「雲光」。樓北有山，從萃賞樓上後廊，有飛橋直達山上，至碧螺亭，亭重簷五柱圓形。往北爲符望閣，東西南北皆五楹，高二層，是全園最高大的建築，閣內裝飾精美，結構複雜，長廊四繞，氣象崇閎，南牆東門匾曰「欣遇」，西門匾曰「得全」。北向匾曰「清虛靜泰」。符望閣東牆，南向匾曰「延虛」，北向匾曰「愜志」；西牆，南嚮匾曰「挹秀」，北向匾曰「澄懷」。閣東有曲廊，即頤和軒後至景祺閣之迴廊。閣西有長廊，直達玉粹軒，三楹東嚮，匾曰「得閒空」，北室匾曰「淨塵心室」，門上匾曰「超妙」。〔註120〕

珍妃井

　　符望閣後正北，爲倦勤齋，五楹二層南嚮，屋頂滿舖孔雀綠琉璃，簷頭鑲以黃色琉璃，色調極美。齋前左右，有迴廊與閣相連，西廊之西，有八角門，額曰「暎寒碧」，門內山上，爲竹香館，內結構悉以竹爲之，二層東嚮，爲歇山式的小閣。倦勤齋東，有井一口，俗稱珍妃井，庚子之亂，慈禧德宗

〔註119〕張其昀，《中華五千年史》（台北：華岡出版公司，1976年9月六版），第十
　　　　章〈國防論的開山祖——管子〉（上），頁129。
〔註120〕朱著，前引書，第七章〈寧壽宮〉，頁70。

倉皇出亡西安，出順貞門時，推珍妃於此，今井封閉。後其胞姊瑾妃，憫其慘遇，於穿堂東供牌位，朔望拈香，並書「貞筠勁草」以彰之，井北爲穿堂二楹，再後即爲貞順門，爲寧壽宮全院之後門。乾隆花園的特色，是在造園藝術上發揮了多樣變化的技巧，在不大的地方，用幾點太湖山石，隔斷出小小空間，便覺別有天地，峰迴路轉，又另具一種風光。遊廊苑轉，亭閣玲瓏，處處引人入勝。

　　外西路　內包括慈寧宮花園、造辦處、慈寧宮、壽康宮、壽安宮、英華殿、建福宮、中正殿、西花園。

寶華殿

雨華閣（遠方可見北海喇嘛白塔）

自隆宗門之西爲慈寧宮，正中南向者爲慈寧門，前列金獅，東爲永康左門，西爲永康右門，門內即慈寧宮正殿，殿前東廡門曰徽音左門，西廡門曰徽音右門。東廡之南有佛堂，後殿供佛像，宮左殿宇二層，東有門曰慈祥門，與啓祥門相對〔註121〕。慈寧宮花園，前宇爲咸若館，館之左爲寶相樓，館南爲臨溪亭，館右爲吉雲樓。館後爲慈蔭樓，館西南爲延壽堂，東南爲含清齋。慈寧宮西爲壽康門，門內爲壽康宮，宮後東西爲長街，街西爲長庚門，門內正中南嚮者爲壽安門，門內爲春禧殿，殿後爲壽安宮，宮後東爲福宜齋，西爲萱壽堂。慈寧宮之北爲春華門（明代原名凝華門），門內有雨華閣（明時屬隆德殿），閣後爲昭福門，門內爲寶華殿，又北爲中正殿。壽安宮之北爲英華門，門後爲英華殿〔註122〕。建福宮在東二長街之西，其南爲延慶門，門內爲延慶殿，殿北爲廣德門，門內爲撫辰殿，殿後即建福宮，宮後爲惠風亭，亭北爲靜怡軒，軒後爲慧曜樓，樓西爲吉雲樓，又西爲敬勝齋，齋垣之西爲碧琳館，館南爲妙蓮花室，室南爲凝暉堂，堂前爲延春閣，閣北與敬勝齋相對。〔註123〕

慈寧宮　在隆宗門外，順治十年（1653）建，乾隆十六年（1751）重修，清代爲皇太后的正居，從順治年間，太皇太后居此開始，直到慈禧太后，無不在此宮居住過。正殿七楹，重檐南嚮，制如坤寧宮。正中，懸乾隆匾曰：「寶籙駢禧」，又匾曰：「慶隆尊養」。屏上刻嘉慶製〈慈寧宮頌〉。後殿爲大佛堂，康熙年間造，清聖祖匾曰「萬壽無疆」，後殿之後有東宮殿、中宮殿、西宮殿、全宮殿北角則有三所殿。有很多是供奉密宗（即喇嘛教）的殿宇。正因慈寧宮是年邁的太后、太妃養老之地，它的建築特點也就適應於年邁老婦人修身養性的需要，除了在慈寧宮後面有大佛堂。它的南邊還建有小巧玲瓏的慈寧花園。

空場　慈寧門南，隔道相對爲長信門，又南爲永安門，左爲迎禧門，右爲覽勝門，今制惟正南曰長慶門（圖作南天門，蓋俗稱）。按長信門與長慶門之間是空場，別無建物，爲太后升遐時焚化衣衿紙褸之所。

壽康宮　始建何時不可考。五楹南嚮，正中懸清高宗匾曰：「慈壽寧禧」。宮北爲後殿，五楹，宮前東西，各爲室三楹。乾隆時孝聖皇太后曾在這裡居

住。乾隆以後，多爲太妃、太嬪住處。嘉慶時乾隆婉太妃曾在此居住四十多年。光緒朝，同治瑜、瑨兩太妃居此，直到溥儀出宮。

慈寧宮（皇太后居住之地）

壽安宮　入壽安門，正中爲春禧殿，殿後四周重樓相屬，迴廊四抱，正北爲壽安宮，宮本明咸安宮舊址，乾隆十六年（1751）改建〔註124〕，東西五楹，南北三楹，共十五間，正殿懸清高宗匾曰：「長樂春暉」；又匾曰：「瑤樞純嘏」。東暖閣，匾曰：「景暉」曰「熙春」；東樓下，匾曰「集慶」，曰「宣豫」。西暖閣匾曰「慈釐積慶」；西樓下，匾曰「華蔭」，曰「金薦」。殿前左右延樓，迴抱相屬。乾隆以後成爲先朝妃嬪的寢宮。清代中庭原有大戲台，今無存。

英華殿　原名隆禧殿，隆慶元年（1567）更名英華，以供西番佛像，殿前菩提樹兩株，爲明李太后所植，樹北別殿奉李太后容，至清乾隆時兩樹間，起築碑亭，贊述黃教，此殿自明迄今，久爲奉佛地。〔註125〕

英華殿（菩提樹碑亭）

〔註124〕同註121。
〔註125〕同註35。

西花園 這一帶原是複宇連雲，也是清宮貯藏珍寶最多的地方。清室退位後，溥儀仍居紫禁城，內監不斷盜賣文物珍玩，1923 年，溥儀要清點，這一帶便被太監放火，包括靜怡軒、慧曜樓、吉雲樓、碧琳館、妙蓮花室、延春閣、積翠亭、廣生樓、凝輝樓、香雲亭等一大片地方燒成焦土，後來根據內務府發表的統計說：「燒燬金佛二千六百六十五尊，字畫一千一百五十七件，古玩四百三十五件，古書幾萬冊」把溶化的金塊金片揀出來有一萬七千多兩黃金，這是從明初以來，故宮的最後一次火災，後溥儀將此處改為網球場。〔註126〕

撫辰殿 三楹，殿前有銅爐二，明嘉靖二十一年（1542）製。殿內祀普天眾仙暨春夏秋冬四官神位。

建福宮 三楹，乾隆五年（1740）改建，屋瓦用藍色，異於他宮，原為守制時所居，後未果。中為寶座，清高宗御筆匾曰：「不為物先」；清仁宗聯曰：「受益本於謙功崇業廣」「立誠貴以預言物行恒」。東間祀孝貞顯皇后（東太后）神位〔註127〕，西間雜置佛龕甚多。

英華殿之西北，依紫禁城西北隅，為城隍廟，雍正四年（1726）建，其祀典，亦掌儀司所司。

城隍廟東為祀馬神之所，其路西連房為酒醞房。

神武門 紫禁城之北門，門樓五間，原為設置更鼓處，為宮內起更報時用。每天黃昏後鳴鐘一百零八響，然後擊鼓起更，爾後每更打鐘擊鼓，至次日拂曉復鳴鐘，由欽天監派員上神武門樓上指示更點。門樓上陳儀仗鑾駕。明代原稱玄武門，清避康熙帝諱，改今名。皇帝外出西苑，皇后祀先蠶壇，迎娶妃嬪，選秀女、王公大臣進宮入朝，

神武門城樓上（陳列清帝祭壇所乘之輦）

〔註126〕愛新覺羅・溥儀，前引書，第三章〈紫禁城內外〉，八〈遣散太監〉，頁148。
〔註127〕同註35。

以及宮女、太監年老有告退，放夫匠淘溝及建造工匠，過此門。〔註128〕

以上內廷五路宮殿，俱於此。

故宮原有九千九百九十九間半房子（天宮一萬間），後因火焚、坍塌、拆除，至 1955 年統計還剩下八千六百六十二間。現存南區的明代建築有保和殿、武英殿、南薰殿；北區有長春宮、儲秀宮、鍾粹宮、神武門等。

故宮開闊嚴整的佈局，壯麗而對稱的建築群，充分地表明了中華民族的祖先們，自古以來便有著無窮的智慧和非凡的創造才能。故宮聳立在北京的中央已有五百多年了，其本身就是中國一座珍貴的歷史文物，也是中國文化最具紀念性的代表物。

〔註128〕《清宮述聞》，卷六〈述內廷〉，五。

第六章　北京城垣與大內的制度淵源

第一節　城垣制度

　　城垣在中國由來已久，漢民族是一支善於築城的民族，城，大都是以夯土版築。北宋年間刊行的《營造法式》一書，對城池的規制和設施有詳細的記述。到了明代又在城牆外加砌磚。

　　古文獻多有記載「禹都陽城」，大陸的考古學者曾在今河南省登封縣告成鎮挖掘出兩座具有四千多年的古城，並大量出土有戰國時期陶器上印製「陽城」、「陽城食器」等篆書陶文戳記，文獻所載的地望與遺物脗合，這兩座城堡，有可能就是夏代初期的「陽城」遺址。

　　1960 年在河南省偃師縣二里頭，發現建於長寬約 100×108 公尺的夯土台基上的宮殿址，此確具有國家都城的規模，因地望與史記三家所注所載相合，一般認爲是夏朝末年首都斟鄩。

　　另河南鄭州也發現了傳爲商代第十代的君主仲丁的都城——隞，殘存有夯土城壁，係版築，城郊並有鑄銅、製陶、骨器等工廠遺址。

　　另春秋戰國時代的如鄭韓故城、魯國曲阜故城、黃國故城、蔡國故城亦多有發現。

一、重城之制

　　1958 年在江蘇武進縣發現的「淹城」，是一個春秋時期直徑約一里半的不規則圓形小城，它一共有三層城牆，每層城牆外都有護城河環繞。洛陽的東周王城、邯鄲趙城、臨淄齊城、曲阜魯城，以及晚至唐代的長安，大體都是

大小相套的兩個城圈，可知這種整齊規制的城市佈局，是一種很古老的傳統。

明清北京，有外城、內城、皇城、紫禁城。外城在內城之南，實際上未能對內城構成完全的重城，而內城之內有皇城，皇城之內又有紫禁城。所以嚴格的說明清北京為三重城。〔註1〕

筆者考察明清北京的皇城，皇城不如外城、內城、紫禁城高大，厚度亦薄，城上人亦無法通行，城上為有屋簷的屋頂，皇城可稱為皇牆，有隔絕作用，但沒有什麼軍事防禦功能。

隋唐長安與洛陽，均為宮城在北，皇城在南。未見有三重城。宋代的汴梁城，有內外及宮城三重，中間的原稱京城，也叫做內城，大約相當於現在的開封城。城內中央偏北有小城，原是唐代汴州節度使的衙署，五代時曾為梁、晉兩個小王朝作宮城。宋初加以改造，仍作宮城，別稱大內。環繞內城四面，建有外城，是五代時期加築的，宋代屢加重修和擴建，周約五十里。〔註2〕

金中都襲用了遼舊城又加改造和擴建。城凡三重，一如汴梁。大城周三十七里餘，故址略當今北平宣武區西部的大半。皇城在今廣安門以南，為長方形小城。皇城之內又有宮城。

元代之大都城亦有三重。最外面的大城略呈長方形，周約五十七里。南牆故址在今北京東西長安街南側，北牆故址在今德勝門與安定門以北五里餘。東西兩牆分別與今東直門和西直門同在南北向的垂直線上。中間的皇城，元稱蕭牆，偏在大城南部稍西，宮城則在皇城內的東部。〔註3〕

明太祖規建的南京城有外城（七十七‧四里，現已圮）、內城（三十四公里）、皇城、紫禁城，是一座四重城。

二、城區之制

《周禮‧考工記》云：「匠人營國，方九里，旁三門、國中九經，九緯，經涂九軌，左祖右社，前朝後市。」此寥寥數語，已足顯示整齊廓大之規模

〔註1〕 參閱本書第三章第二節。
〔註2〕 《事林廣記》，卷二〈帝京宮闕圖〉。
〔註3〕 明‧蕭洵，《元故宮遺錄》（台北：世界書局，1963年5月初版）。蕭洵為明初工部的一位郎中，因參與拆毀元故宮，曾經有機會親眼瀏覽元代苑中的景色和「殿楹窗扉，皆裹以金」的金殿，以及翠殿、花亭、毡閣等建築。

矣！試觀北京之街衢洞達，寬廣平正、經緯變錯的棋盤式等等情況，正即依仿而造者也。

據侯仁之的觀點：戰國的都城如齊臨淄、燕下都以及鄭韓故城都與《周禮·考工記》的思想有關。但秦咸陽、漢唐的長安與洛陽都不見〈考工記〉理想設計的蹤影。

漢長安未央宮的前門是北門，當然不是「前朝後市」，而城牆為┏┛形非方形，宗廟亦分散各處〔註4〕，不符合左宗右社的原則。依照勞榦先生的推測，漢長安城依秦時原有的離宮別館的舊址而擴張，大致依著天然的形勢，和事實的方便，並無什麼建國的理想在內。〔註5〕〔註6〕

而東漢洛陽之南北宮亦非〈考工記〉「前朝後市」的形式。

唐代的長安，宮城靠北城牆之中央，而皇城於宮城之南，是前朝而非後市，宮闕亦非於城之正中央〔註7〕。但是，左祖右社的建制，卻實現了（唐代長安城，皇城南半部為中央官署以及太廟、太社所在地。太廟在皇城東南隅、太社在皇城西南隅）。

唐代洛陽宮城於城之西北角，而皇城於其南，宮城正南叫應天門，門外也有朝堂，城制約略與長安城相仿〔註8〕。洛陽西北隅適佔洛陽城地勢最高的地位，在這處負隅高地上建宮城、皇城更利於防禦。

元朝第一次將〈考工記〉理想實現，但非機械式的照搬，而是結合這裏的地理特點，又加以創造性的發展，則成了一幅嶄新的設計圖案。

明太祖在南京更要「復漢官之威儀」，因此，南京城制亦儘量遵照〈考工記〉的形制，但是南京城依據附近的自然形勢建造，大城為不規則。迨成祖遷都北京，北京為平原，可無拘束的設計城市。先將元城加以改造，再仿南京宮城、皇城制度，於是形成了完全的周禮制度。

宗廟是帝王尊祖之所，社稷壇是象徵天子、王於冢土的代表建築。

左宗右社的周禮觀念，可能源自殷商，據中央研究院史語所在河南安陽

〔註4〕不著撰人，《三輔黃圖》（台北：世界書局，1974年5月再版），卷五。

〔註5〕依錢穆教授的意見《周禮·考工記》成書或謂於東漢，因之未影響漢代的長安城，但〈考工記〉思想可能形成於東周末年。

〔註6〕勞榦，〈論國都的建置及唐代以前的都邑設計〉（收入《中國的社會與文學》一書）。

〔註7〕清·徐松，《唐兩京城坊考》（台北：世界書局，1974年5月再版），卷一。

〔註8〕同註7，卷五。

的發掘，就已發現的五十三處「基址」而言，其可分甲、乙、丙三組：甲組包括十五號基址，乙組包括二十一處基址，丙組包括十七處基址。石璋如先生認爲可能各有其專門的用途：

（一）遺留在小屯村北的甲組基址，組織散漫；全祖基址中看不出宗教意味的痕跡，可能是住人的地方。

（二）遺留在小屯村東的乙組基址，雖然其東側的大部分已被洹水衝毀，消失無蹤；但從基址所佔的地域之廣，及其所埋的人畜坑之多看來，他們可能是莊嚴神聖的宗廟。

（三）遺留在小屯村西南角的丙組基址，不但規模很小，而且沒有礎石的遺存。單就有無礎石這一點來看，就可以發覺出：甲、乙兩組基址，原來都是有樑柱，有屋頂的房屋式建築，而丙組只不過是個無頂的土臺而已。再就乙、丙兩組基址的相對位置來看：乙組基址在左，丙組基址在右，頗符合「左宗廟、右社稷」的傳統說法。

漢魏洛陽城中也發現有「左宗右社」的證據。

元代的宗社與明清稍有不同。太廟制度據《元史‧祭祀志》：廟制：前廟後寢環以宮城，東、西、南開欞星門三門外，馳道抵齊化門之通衢（元齊化門即今朝陽門），但詳址無法確證。又據《元史‧祭祀志》，社稷壇在和義門稍南，佔地四十畝，範圍很大（元和義門即今西直門），詳址亦難考，但兩者位置與明清廟社分列在宮城前左右兩側稍有不同，但亦左宗右社。〔註9〕〔註10〕

今天的北京正是依照「左宗右社」的禮制建築的，請詳看本著第五章第二節。

中國古代的帝都或多或少都具備佈局嚴整規則，街道筆直，縱橫交錯，把城區劃分爲一塊塊方形地段的特點。尤其是隋唐時期的京城長安，這種城市佈局達到了極爲完善的程度，從附有圖頁的長安古地方志上可以看到，城市的平面規劃就似一張棋盤，主要街道把城區劃分爲一塊塊方格，叫做「坊」，

〔註9〕方師鐸主編，〈史地〉（載台北，《國語日報》，1972年6月28日），第三八一期。

〔註10〕王璞子，〈元大都城平面規劃述略〉（載《故宮博物院院刊》總二期，1960年，文物出版社），頁63。

每個坊又被較窄的街道劃爲四個小方塊。有時，一座府第或一所衙署就佔據整整一座小坊。而普通宅第只佔一座小坊的四分之一。像長安、元大都、明清北京一類城市的平面規劃，比任何一個房屋密集、街巷曲窄的歐洲中世紀城市，都更接近於那些被寬闊通衢劃分爲齊整區域的現代西方城市。在這些中國古城裡，面積寬廣，視野開闊，房屋低矮，樹木和花園比比皆是。

第二節　御道與宮廷廣場

一、御道中軸線

中國歷代建設都城，都有一條中軸線。

明朝兩北兩京均有御道，明代的南京將南朝中軸線東移到富貴山和光華門一線上。北京的御道，從宮城南面的午門，向南穿過端門、天安門、大明門，直抵正陽門。從午門到大明門爲一千二百公尺，但若從外城之永定門算起至鐘鼓樓爲止，中軸線長達八公里。中軸是御道連接三大殿及內廷中路，不但是宮殿中的軸，也是北京全城的中軸，此中軸線依次爲永定門、正陽門箭樓與門樓、大明門、天安門、端門、午門、太和門、太和殿、中和殿、保和殿、乾清門、乾清宮、交泰殿、坤寧宮、坤寧門、天一門、欽安殿、承光門、順貞門、神武門、北上門、綺望樓、景山中峰、壽皇門、壽皇殿、地安門、鼓樓、鐘樓。

東漢到北魏的洛陽城，出宮城南面的閭闔門，即有銅駝街，是一條很長的御道，直達洛陽的正南門（漢代名爲平門或平城門，魏晉名平昌門），這是北魏洛陽最寬廣的街道，寬達四十一至四十二公尺，在銅駝街左右佈置中央衙署和廟、社遺址，這種制度大約是參考了南朝都城建康的設計，此可謂爲「御道」〔註11〕。南朝的建康城，是以北極閣和朱雀橋爲中軸線。唐代的長安城中軸線，是城內最重要的中心大道，也就是所謂「御道」，正是沿著這條中軸線修建的，中心大道從宮城南面的承天門開始，向南經過皇城南面的朱雀門，直達大城南面的明德門。城內其他街道，縱橫平行交錯，劃分全城爲一百一十坊，形如棋盤。另有獨立的商業中心，分列東西，名爲東市和西市。

〔註11〕宿白，〈北魏洛陽城與北邙陵墓〉（《文物》，1978 年第七期）；《南齊書·魏虜傳》、《魏書·術藝、蔣少游傳》、《魏書·成淹傳》、《北史·王肅傳》。

　　北宋汴梁與長安城不同。它不是按照一個完整的規劃建成的，而是在一個舊城的基礎上經過多次改造逐步發展出來。城內主要街道，也是縱橫交錯，分別直通外城各門，但佈局遠不如長安城的規整劃一。其中最突出的是從宮城南面宣德門，經過內城南面朱雀門，直達外城南面南薰門的中心大道。這條中心大道寬約二百步，又稱「御街」（即「御道」），相當於全城的中軸線。

　　南宋的宮城位置與隋唐、明清迥然有異，「御街」由北直通南端，南端為皇城之北門，然後越過皇城繼續往南，到祭祀天的天壇。〔註12〕

　　金中都（今北京市）的宮闕制度主要仿自汴梁並略有發展。宮城南門叫做應天門（又稱通天門），從應天門向南出皇城南面的宣陽門，直達大城南面的豐宜門，也是相當於全城中軸線的一條御道。

　　元大都是在金中都城東北郊外新選擇的城址上經過詳細規劃而後建造的一座大城。從宮城南面的崇天門，向南經過皇城南面的靈星門，直抵大城南面的麗正門，同樣是相當於全城中軸線的御道。

二、宮廷廣場及千步廊

　　中國歷代帝都，都非常重視皇宮南邊的建築。北魏洛陽城在太倉、衙寺的南面，橫隔了一條寬約四十公尺的東西大街，這條街是洛陽最寬的橫街，大體上是在海拔一百二十五公尺等高線附近設計的。它東通東陽門、西通西陽門，筆直將洛陽城劃為兩半，地勢較高的北半到北魏晚期幾乎全部為北魏皇室所徵用。〔註13〕

　　唐代長安的宮城前面有一條特別寬闊，面積約六公頃的橫街，東西長五里餘，南北寬近半里，東西兩端為皇城東西牆所封閉，牆上各開一門，東曰延禧門，西曰安福門。這條橫街實際上就是宮廷廣場。宮城正面的承天門在廣場上居於支配地位。門外建有朝堂。每當元正冬至，就在這裡「陳樂、設宴會、赦宥罪」，以示「陳舊佈新」。此外，在外國使者和賓客前來長安的時候，皇帝也要到承天門「聽政」。

　　像長安城這樣在宮城前方有計劃地開闢一條橫街作為宮廷廣場，乃是早期出現的宮廷廣場中比較完整的一種形式。隋唐東都洛陽城的宮廷廣場在設

〔註12〕Jacqus Gernet, *Daily Life In China, (On the Eve of the Mongol Invasion, 1250~1276)*, Macmil-lan Company, 1962, P.41.

〔註13〕宿白，前引文。

計上大致與此相同，只是洛陽的宮城與皇城偏在大城西北隅，與長安是有明顯區別的。

北宋汴梁城的宮廷廣場，又提供了另外一種形式，這是與整個汴梁城的城市結構分不開的。上面已經提及汴梁是由舊城改造發展而來。它在宣德門前的一段，實際上也是一個宮廷廣場，以南北縱橫爲主，長安則以東西橫街爲主。汴梁城的御街兩旁，向北正對宣德門的左右掖門，建有東西兩列千步廊，又稱「御廊」。這是近代宮廷廣場有千步廊之始。千步廊自秦有之，謂王城門外邊官廊，言其長廊之義〔註 14〕。唐代雖亦有千步廊之名稱，但皆指宮城內之長廊〔註 15〕。唐代長安城的宮廷廣場上，除去朝堂外，不見有其他輔助建築物。

金朝中都（今北京市），沿御道兩邊，從應天門前直到宣陽門內，也有兩道千步廊，東西並列，各約二百餘間，兩廊屋脊，蓋琉璃瓦，這段御道最爲寬廣，夾道有水溝兩條，沿溝種植了柳樹，這一點也與汴梁城的宮廷廣場相彷彿。

隋唐宋金以來宮廷廣場在宮城南面，元則移往皇城南面。中央統治機構，唐及北宋均設於闕前，南宋和元並不如此，南宋六部在三省樞密院之南，而省院卻在宮殿大內的北面，元之禮部在北京東城貢院，兵部在北京西城太僕寺街。

其次元大都城宮廷廣場的千步廊，是繼承金中都城千步廊的新格局，即在左右兩列南北千步廊的北端，又分別轉向東西，最後止於靈星門兩側的左右掖門以外，從而也形成了一個完整的「⇩」形狀的廣場。元大都城的宮廷廣場在位置上的新變化，直接爲明初南京城以及後來的北京城所因襲。因此，它在宮廷廣場的演變過程中，是有著承上啓下的作用的。

明代營建北京，仿效當時南京城的規劃，在宮城南門（午門）前的東西兩側，分別建立了太廟與社稷壇。這兩組建築群的對稱排列，有力地突出了中心御道的地位，加強了從皇城南門到午門間的深度。皇城南門仿照南京改名承天門，也就是現在的天安門。

〔註14〕明・王三聘輯，《古今事物考》（台北：台灣商務印書館，1971 年 5 月台一版），卷七。及侯仁之、吳良鏞，〈天安門廣場禮讚——從宮廷廣場到人民廣場的演變〉（載《文物》，1977 年第九期）。
〔註15〕徐松，前引書，卷一。按唐長安城內的千步廊在宮城內，明清則在皇城外，唐代宮城內東北隅有「南北千步廊」，西北隅有「東西千步廊」。

　　在承天門外開闢了「⊓」形狀的宮廷廣場，名曰「天街」，外建宮牆。天街東西兩端各建「長安左門」與「長安右門」。自天街向南⊓出的部分，止於「大明門」。大明門內東西兩側、沿宮牆之內，修建千步廊。

清末的天安門廣場，最前為大清門，遠方天安門及層層宮闕在望

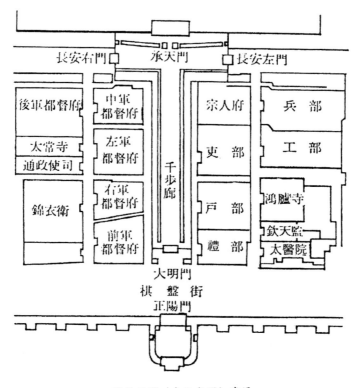

明承天門（今天安門）廣場

清北京承襲明之舊，只是把一些城門名稱作了更改。例如宮廷廣場南端的大明門，改稱大清門，承天門改天安門。廣場上比較重要的一個變化，是乾隆十九年（1754）又把長安左、右門外的一段街道增築紅色的圍牆，作為廣場兩側的延伸部分，其東西兩端，又各增建一門，分別叫做「東三座門」和「西三座門」。這就等於把「凸」形狀宮廷廣場的東西兩翼，又向外加以開拓。在開拓部分的南牆上，左右兩邊各有一門，分別向南通往中央官署區。左曰「東生公門」，右曰「西生公門」，都是明朝舊有的。而形成「東西向，各百有十間，又折而北向，各三十四間，皆聯簷通脊。」〔註16〕

明清兩代的中央統治機構就設在廣場兩邊，東邊有禮部、戶部、吏部、工部、兵部、宗人府、欽天監。西邊明代有錦衣衛和五軍都督府。清代有刑部、太常寺、都察院等。明人說：「列六卿於左省，建五軍於右隅」即指這種佈局。

這種宮廷廣場雖有多方面的功能，但從其設計圖來看，主要還是有計劃地在宮城正南保留一段開闊的空間，越過這段空間，遙望層層宮闕，就更加給人以「九天閶闔」的神秘感覺，藉以顯示皇帝「至高無上」。

天安門廣場東半部在英法聯軍以後簽訂北京條約，外使駐京，成為使館區的一部分，民國二年（1913）廢千步廊，東西外三座門相繼拆掉，抗戰勝利後，使館區由國民政府收回，1952 年拆長安左右門擴建天安門廣場，由原來的十一公頃，成為今日的四十公頃。

第三節　海中三神山

觀於殷周以前，中國重卜筮、事鬼神。此種學問之發達，促成一種登山入海以追求天體終極之思想，沿海居民，更受所謂「海市蜃樓」的引誘，而幻覺海之彼岸必有「神山」「仙山」之存在。《左傳》《孟子》記齊景公已有放海求仙的思想。醉心追求其絕世離俗海外烏托邦（不死鄉）。他們西則求西王母於崑崙，東則求東王父於蓬萊。他們同有一種迷信，認為煉藥求仙必須於遠隔中原之處得之。因此必須登山入海。他們認為「天下名山八，而五在中國，三在夷蠻。」〔註17〕所謂「三在夷蠻」的名山便是所謂「海中三神山」

〔註16〕《大清會典事例》，卷八六二。
〔註17〕《史記・封禪書》、《漢書・郊祀志》。

即蓬萊、瀛洲和方丈。這三神山在渤海東邊，山上有神仙居住，秦始皇想長生不老，曾派人去找這三座山，但沒找到。漢武帝也想長生不老，命人在後宮開個大池子，稱爲太液池（在今陝西省長安縣西北），在池南作建章宮，又在池中建漸臺，高二十餘丈刻石鯨長三丈，並在池中積土爲三山，象徵蓬萊三山。隋煬帝建都東都洛陽，沿秦漢故事，在都城西面建周二百里的「西苑」，苑內有海，周十里，是鑿龍麟渠引澗河的水匯成的。沿渠兩旁建了十六個宮院，院門臨渠，院內畫棟雕樑，極盡奢華。海中造蓬萊、方丈、瀛洲三座神山，高出水面百餘尺，台觀殿閣，羅列山上。唐代長安大明宮紫宸殿後，也都築有太液池和三山，也有沿池迴廊。今北海瓊華島也有沿池迴廊——碧照樓。

蓬島瑤台，爲圓明園四十美景之一，蓬島瑤台在福海中央，舊名蓬萊洲。由蓬萊瑤台東南度橋爲東島，有亭，爲瀛海仙山。西北度橋爲北島。蓋福海中大小三島，仿李思訓的畫意爲仙山樓閣之狀，岩岩亭亭，望之若金台五所，玉樓十二。〔註18〕

如此歷代沿襲，「蓬萊仙山」就形成了富有神話幻想的中國宮廷園林建築形式。北海與圓明園蓬島瑤台的佈局，看來就是依據這種傳統形式而建造。

第四節　宮禁制度

一、闕門之制

闕，是中國古代建造在城門、宮殿、祠廟、陵墓前的兩個對稱建築物，兩物之間空缺，作爲道路，故稱之爲「闕」，古時「缺」和「闕」二字是通用的。闕的建築形式早在距今二千七百年前的周代就有了。

古書多有關於「闕」之記載，《詩·鄭風》中就有「縱我不往，子寧不來？挑兮達兮！在城闕兮」。

《爾雅》：觀謂之闕。晉·崔豹《古今注》：闕，觀也。又《古今注》：「闕……其上皆丹堊，其下皆畫云氣仙靈，奇禽怪獸，以昭示四方焉，蒼龍闕畫蒼龍。」

《周禮》：「乃縣治象之法於象魏」〔註19〕，注引鄭司農云：「象魏，闕也」

〔註18〕朱彝尊，《日下尊聞錄》，卷一。
〔註19〕《周禮·天官大宰》。

疏：「周公謂之象魏，雉門之外兩觀闕高魏魏然，孔子謂之觀……云觀者，以其有教象可觀望，又謂之闕者，闕去也，闕去疑事，或解闕中通門」按釋名釋宮室：「闕在門兩旁，中央闕然爲道也」即闕中通門之義。

闕的用途主要是表示大門。城闕還可以登臨瞭望、察看敵情，所以也有把闕稱爲「觀」的。宮闕和城闕多置於皇宮門前和交通要道上，統治者還常常把朝廷的法令、布告懸掛在上面，用以昭示國人。所以古者天子宮門築台，台上起屋，是爲台門，兩旁爲屋，高出於門屋之上者爲雙闕，即於此處懸治象之法，使萬民觀之，名之「象魏」。

紫禁城午門——可見闕門之制

秦始皇統一中國後，曾在東海邊上立石，以示秦朝的東門；他在建造雄偉的阿房宮時，以門前的南山作爲門闕的象徵。

古代的闕，多是磚木結構，有的規模宏大。據記載，西漢武帝時，建章宮前的鳳闕，高達五十丈；東漢明帝在洛陽興建德陽殿，殿前的朱雀闕高聳入雲，人們在四十里外的偃師即可看到，這雖然有些跨張，但也說明當時的闕是很高大的。磚木結構的闕，由於年深日久，早已損壞無存，現存的實物便只有石闕了。現在全國發現的漢代石闕有二十五處，北魏洛陽南宮適在城中，四門亦均有闕。〔註20〕

按《水經注》云：

> 偃師去洛四十五里，望朱雀闕其上鬱然與天連，是明峻極矣。洛陽
> 故宮名有朱雀闕、白虎闕、蒼龍闕、北闕、南宮闕也……今閶闔門
> 外夾建巨闕以應天宿，雖不如禮，尤象魏之上而加後思以易觀矣。

隋唐以後基本上是宮闕獨步的時代，除了少數帝王陵墓還營建雙闕外，其他

城闕、墓闕和廟闕已滅。

（一）隋東都洛陽。宮城正門稱則天門。《大業雜記》曰：「則天門兩重觀，上曰紫微觀，左右連闕。」

（二）唐東都洛陽。據《兩京新記》：「東京紫微宮城，南面六門，正南應天門，門外觀相夾」，事實上唐代沿用隋東都洛陽宮城。

（三）唐長安大明宮，由考古報告知充當正門的含元殿也有闕，有翔鸞樓鳳。

（四）宋汴京，元・楊奐《汴故宮記》：「正北曰承天門（宋時宣德門）……雙闕前引。」

（五）金中都是仿汴的，從而亦可反證汴梁宣德門內的總佈局。

（六）元大都。《元故宮遺錄》曰：「崇天門……總建闕樓其上，翼為迴廊，低連兩觀。」

（七）明中都鳳陽，至今仍留存許多遺跡，其中也有午門，它的平面佈局與北京紫禁城完全相仿。

（八）明南京。《明會典》：「洪武十年……闕門曰午門，翼以兩觀。」現南京午門上部建築已不存，城台左右前伸部分從拐角處就被拆毀，但從中止處的斷面情況看，顯然可見為冂制。

明清北京紫禁城的南門——午門，沿歷代之制有雙闕。依照二十八宿（朱雀七宿、蒼龍七宿、白虎七宿、玄武七宿），北京紫禁城的南門——午門，恰似東漢宮城的朱雀門，朱雀似鳳。

五鳳樓的來源。古以鳳為四靈之一，漢宣帝神爵四年（公元前58年）有鳳凰集於上林苑，以為祥瑞，建了鳳凰殿，並於第二年改年號為五鳳，這可能是五鳳樓形成的因素。

《明一統志・盧州》：「五鳳樓在府城上。唐天祐中，張崇築城創樓。」

五代時，梁太祖曾在洛陽重修五鳳樓、朝元殿，這時已有命名為五鳳樓的建築物和城樓。

宮城門樓名稱見於《宋史》：「西京洛陽有宮城周迴九里三百步，城與門三，中曰五鳳樓。」並注「因隋唐舊名」，可見明清把午門移為五鳳樓，也是從隋唐或宋代流傳下來。〔註21〕

〔註21〕 蕭默，〈五鳳樓名實考——兼談宮闕形制的歷史演變〉（《故宮博物院院刊》，1984年第一期），頁82～85。

二、宮殿坐北朝南

從河南安陽市殷墟的殷代宮室基址可以看出殷人之建築宮室，是有規模有計劃的，先定出一條合乎磁針的南北方向的直線，然後在中心點上建造一座正殿。

子曰：「無爲而治者，其舜也與！夫何爲哉？恭己正南面而已矣。」〔註22〕中國古代統治者一向有「南面而王」之語，不僅儒家以南面爲尊，《韓非子》與《呂氏春秋》也均如此，按《韓非子・有度篇》：

> 夫人臣之侵入主也，如地形焉，即漸以往，使人主失端，東西易面而不自知，故先王立司南以端朝夕。

再看《呂氏春秋・精通篇》：

> 慈石召鐵，或引之也；樹相近而靡，或軵之也；聖人南面而立，以愛利民爲心。

愚亦以爲中國古代文化中心在三河，北離戎狄較近，南雖有荊蠻等，但離三河較遠，因之都邑南方統治區之面積，遠超都邑北方的統治區，就土地、人民而言，向南爲統治的象徵，自屬必然。

又中國本部（China Proper）爲季風氣候區，冬天吹東北季風，夏季吹西南季風，而黃河流域，冬季極冷，北京白天可至攝氏零下十二度，晚上可至零下二十度，坐北朝南的房屋優點是冬暖夏涼。因之據考古的發掘如湖北黃陂縣盤龍城所發現的商朝中期宮殿，即爲東西三十八・二公尺，南北十一公尺的建築基址。又河南安陽，殷代王宮的發掘亦可見此。自此而後，筆發現除在隋代的洛陽上陽宮整座宮殿爲東嚮外，餘均爲南嚮（或契丹族的宮殿亦可能均爲東向）。

三、金水河之制

帝王闕內置金水河用意在表天河銀漢之義，自周有之〔註23〕，而宮中之溝，旋繞於禁中，用通於金水河者，稱爲「御溝」，唐代以前就有。〔註24〕

今天的河南鄭州爲殷商中期的首都，在通過殷代城壁墟的河流有名「金水河」〔註25〕，此河名稱或非空穴來風，可能爲一相沿數千年未改名之河流。

〔註22〕《論語・衛靈公篇》。
〔註23〕王輯，前引書，卷一。
〔註24〕同註23。
〔註25〕貝塚茂樹，〈よみがえる古代〉（東京：講談社，1976年初版），圖六十八，頁72。

中國數千年未改名的小河流很多，如洹水，見之於《史記》，迄今未改名，渭水、洛水亦數千年仍名，所以金水河亦不仿大膽假設溯源於商代。

唐太極宮的金水河在延嘉殿南，北流入苑。

宋代開封宮城中，已有金水河之名，當時又稱東京水，其源流稱祝龍泉，過了河南中牟以後始稱金水河。宋太祖建隆二年（961）春，命左領衛上將軍陳承昭引抵開封城西，架其水橫絕經汴，入濠溝，通城濠。乾德三年（965）引貫皇城，歷後苑，內庭池沼皆至。開寶九年（976）太祖命水工引金水由承天門鑿渠，為大輪激之，南注晉王第。真宗大中祥符二年（1009）九月，詔供備庫使謝德權決金水，自天波門並皇城至乾元門，歷天街東轉，繞太廟入廟後，皆甃以礲甓，植以芳木，車馬所經，又累石為間梁矣！官寺、民舍皆得汲用〔註26〕。（宋太祖並曾親自引水王第及公主第）〔註27〕

南京明故宮亦有金水河。

北京金水河當本金人之故跡，明清承其舊。元之金水河，最富象徵意義，其功專在於皇家苑林之點綴，自明而後，並重實用，象徵色彩，遂不如以前濃厚，但河水民間仍不得汲引。〔註28〕

北京紫禁城太和門前之金水稱為內金水河，上有橋五座。而流入天安門前，成為護城河的一部分稱為外金水河，外金水橋的中央是皇帝的通路，兩側的橋是皇族的通路，稱為「王公橋」，兩側外的橋是三品以上官員的通路，稱為「品級橋」，所以後來承天門牌樓處亦有五門。稍離外金水橋的兩側（在太廟或社稷壇門口），各有一橋，是四品下官員的通路——公生橋，天安門前的外金水河至此合計有七座橋，橋上有並列的雕花石欄。

四、堂、室、廂及三殿的關係

（一）前堂後室

紫禁城的中和殿，是皇帝到太和殿上大朝休息處；是前堂後室或「前堂後寢」的形式，這也可以說是中國古代宮室最基本的制度，大而化之，形成後來的外朝與內廷。

〔註26〕《宋史・河渠志》。

〔註27〕南宋・高承撰，《事物紀原》（台北：台灣商務印書館，1971 年 4 月台一版），卷六〈京邑館閣部第三十二、金水河〉。

〔註28〕侯仁之，〈北平金水河考〉（載《燕京學報》第三十期，1946 年）。

前堂後室之制起源很早，就小型建築而言，可以追溯到龍山文化時期「呂」字形的建築；屬於商代中期的鄭州紫荊山，商代晚期的山東淄河東岸都發現過前堂後室的民居，不過，房子矮小，前堂後室是同在一座房子之內。

傳為夏末首都斟鄩，即今河南省偃師縣二里頭遺址，此處發現的夏末宮殿或宗廟的建築，不但是前堂後室，而且堂在前，室在後，已不在同一座房子內，此後的宮殿已可以證明，前堂後室，而且分房。

陝西岐山縣周原鳳雛西周宮室，經考古的發掘即有以中央的大房子為前堂，其後有三間正室，這也是前堂後室的制度。

這種制度到唐長安的太極宮（前朝）、兩儀殿（後室），不過後室的用途漸廣，已成為「中朝」的使用地，即舉行朔望冊拜宣制等大典的地方；唐長安的大明宮含元殿為前堂，宣政殿為後室，宣政殿的用途與太極宮的兩儀殿是一樣的。

元朝入主中國對於中國都城、宮室制度理論之複雜，頗感不知所措，因之一切追究其最原始，不但將大都城照《周禮‧考工記》第一次照搬，而且還很坦白的指出大朝殿（大明殿）後的殿為寢殿，契合古代「前朝後寢」的禮制。

明太祖經營南京，除了也將〈考工記〉照搬之外，前堂後室制大體恢復到唐宋的舊制。

（二）堂與東、西廂演變為三殿之制

岐山周原的宮室發掘，可以看出中間是大堂；左右二室是東、西廂，或許因為堂是明間，所以西周又有「明堂」一詞的名呼。

漢代天子之正殿左右有東西廂，或稱東西堂，有下列各條的例證：

　　《漢書‧周昌傳》：「呂后側耳於東廂廳。」

　　《後漢書‧周舉傳》：「天子親自坐德陽殿東廂。」

　　《通鑑‧晉紀注》曰：「建康太極殿有東西堂，東堂以見群臣，西堂
　　為即安之地，晉制如此，漢制如何，未敢以此相證。」

漢代天子的正殿左右有東西廂，或稱東西堂。西漢的東廂，為婦人趨避，或人臣待命之所。至東漢天子常臨幸。至魏晉以後，東西堂便為天子居處或聽政之所，甚而擴充為平列為三殿（如北京紫禁城的文華殿、太和殿、武英

殿），再演變成前後的三殿。〔註29〕

隋代洛陽宮城正殿爲「乾陽殿」，其東西各有上閣門，唐制，應與之相同。

唐長安宮城的正殿太極殿，兩旁也有東上閣門、西上閣門；大明宮其兩旁的翔鸞閣、棲鳳閣也應是東、西廂的制度。

金中都後宮仁政殿其東、西廂，有東上閣及西上閣。

元大都宮城正殿，大明殿的東西有文思殿、紫檀殿。

北京紫禁城太和殿旁的中左門、中右門；保和殿旁的後左門、後右門；乾清宮旁的昭仁殿、弘德殿；坤寧宮旁的東暖殿、西暖殿，都是堂與東西廂的關係。

唐朝長安宮城——太極宮，有太極殿、兩儀殿、甘露殿等三殿；唐長安大明宮有含元、宣政和紫宸殿；大明宮麟德殿的台基上三座殿址前後毗連，即共分前、中、後三殿〔註30〕。唐洛陽城有乾元、貞觀、徽猷三殿。仿唐制度的日本平安京宮內的正殿爲紫宸殿，後方爲仁壽殿、承香殿等三殿。北宋以洛陽爲西京也有太極、天興、後殿。元大都宮城有大明殿、寢殿、寶雲殿。

明初南京紫禁城，前三殿爲奉天、華蓋、謹身三殿，後三殿爲乾清、省躬、坤寧等三殿。

明永樂時，國都北遷，燕京宮室悉仿南京，也有前三殿、後三殿。前三殿名稱到清代改爲太和、中和、保和三殿；後三殿爲乾清宮、交泰殿及坤寧宮。

五、正殿十一楹之制

近年唐長安城大明宮遺址的調查，正殿含元殿，正面十一間爲五十九·二公尺，寬三間爲十六公尺〔註31〕，元代大都殿大明殿亦爲十一楹，按陶宗儀《輟耕錄》云：「大明殿，乃登極正旦壽節會朝之正衙也，十一間，東西二

〔註29〕 勞榦，〈禮經制度與漢代宮室〉（載《國學季刊》六卷三期，1939年12月），引劉敦楨在《營造學社季刊》發表之〈東西堂考〉。

〔註30〕 宋肅懿，《唐代長安之研究》（台北：大立出版社，1983年8月初版），第七章〈唐皇宮內苑及皇城的建置〉，頁91。

〔註31〕 竹島卓一，〈紫禁城〉（收入《原色世界の美術》中國本，東京：小學館，1971年初版），頁218。

百尺，深一百二十尺，高九十尺。」《清宮史續編》云：「太和殿，皇朝之正殿，基崇二丈，殿高十有一丈，（去基即爲九十尺）廣十有一楹，縱五楹，上有重簷垂脊。」

六、外朝內廷之制

《詩‧大雅緜》：「迺立皋門，皋門有伉、迺立應門，應門將將。」此即言周太王如何依照歷代相傳之通制，營造新都。立皋門、應門。

皋門即天子的外宮門（亦曰庫門），應門即天子的內宮門。皋門以內，應門以外是爲外朝，應門以內爲內廷。〔註32〕

《周禮‧秋官朝士注》：「周天子諸侯皆有三朝，外朝一，內朝二，內朝之在路門內者或謂之燕朝。」按《書‧召誥》疏引此云：「內朝二者，其一在路門外，王每日所視，謂之治朝，其在路門內，路寢之朝，王每日視訖，退適路寢，謂之燕謂。」

又《禮記‧文王世子》也記載有三朝（大朝、外朝、內朝），《禮記‧明堂位》也記載有五層門——皋門、應門、路門、庫門、雉門。

三朝和五門被後來附會、沿用，在很大程度上影響了隋朝以後歷代宮室建築的外朝佈局。

民國四十年代，有些學者認爲「都城之規制，以周東都最爲完備。其制，外爲王城，作正方形，方各九里，每方三門，城內經涂、緯涂各九，涂廣今七丈二尺。城之正中爲王宮，亦正方形，方各三里，南垣正中爲皋門，前爲三朝，中爲內朝，後爲三市，是爲周制〔註33〕。宮室之制度，亦至周始備。其制南方三朝，中爲寢，左廟右社，西北爲圃，後爲三市」。

漢代皇后，亦可分爲前，後兩部，前部爲「省」，即所謂「外廷」，是皇帝與大臣決事之所；後部爲「禁中」，亦即所謂「內廷」，是皇帝私人燕居之所。此種外朝內廷之制影響往後之中國政治制度很大。

中國自漢以後政治制度演爲三省六部制。漢武帝晚年把聽政的地點，從外廷移至內廷，丞相因位尊望隆，不便隨時召入內廷，而經常襄助皇帝處理國事之人，乃是一部分特許的朝臣，如中常侍、尚書等，這批人便形成以皇

〔註32〕見楚金，〈從北京之沿革觀察中國建築之進化〉（載《中和月刊》二卷八期，1941 年 8 月，收入《中和月刊史料選集》，台北：文海出版社，1966 年出版）。

〔註33〕樂嘉藻、彩澄甫，《中國建築史》，第二編下〈城市條〉。

帝為中心的內朝，內朝決事，交由丞相去辦，因此丞相便形成聽命內朝的執行官，而尚書原屬少府，其首長尚書令，秩不過千石，但因有宣佈詔令和閱讀章奏的權力，乃漸變為發佈命令的機關，爾後的中書令得權亦與此類似。

七、營造法式

中國宮殿式的建築，非一朝一夕發展而成。乃自上古延伸而來，中國的建物多取自木材，而飾以雕刻彩漆，使其美侖美奐。

北京宮城係以南京明故宮為藍圖，而南京明故宮又以開封宋宮為圭皋。中國本位文化的文物制度到宋代發展至最高峰。宋哲宗時代李誠奉敕撰《營造法式》三十六卷，詳載當時宮殿、戶牖、柱階、簷井、建築、雕刻、彩畫、塗墍之法，集中國營造學之大成，元明及清，宮殿之建築，多取法於是書。它是中國木架結構建築經驗的總結，有豐富的彩色插圖〔註34〕，中國宮殿的法式由殷商以來班班可考：

（一）彩色裝飾之制

中國古代建築物上施加彩繪，不僅作為裝飾，且可隔潮防腐，是木料的保護層。以上色前必先塗刷桐油，其作用不言自明，是許多古建築歷久而不朽的原因。由此亦可見古人之智慧。舊時宮殿院落牆上裱貼的裝飾畫稱為貼嘍（落）大都由宮廷「供奉」畫家繪製，題材有山水、花卉、器具、人物等；畫法大都採取工整一路，以適應富麗堂皇的宮殿建築。這些畫我們稱之為「院體畫」。中國自周代以來歷朝宮殿都有壁畫，內容有山川景物、文武功臣、神靈怪異等，由於建築物的毀壞，這類壁畫都沒完整的保存下來。

彩畫演變，春秋時代已有這方面記載，《論語・公冶長》《山節藻梲》、《禮記》：「楹，天子丹；諸侯黝，大夫蒼，士黈。」在陝西咸陽秦代宮殿遺址，曾發現壁畫殘片，是目前所能見到最早的殿堂壁畫實物。

漢・張衡〈西京賦〉，描繪長安宮殿「繡栭雲楣，鏤檻文㮰，裛以藻繡，紋以朱綠。」

晉・左思〈吳都賦〉：「青瑣丹楹，圖以雲氣，畫以仙靈。」班固〈西都賦〉中有云：「雕玉瑱以居楹，裁金璧以飾璫。」又云：「金釭銜壁，是為列錢。」此可見彼時橡頭柱間以及牆壁之上皆用金玉寶石鑲嵌為飾。其富麗之狀，尤過於近代。後世漸趨簡易，多取散木凡材，加朱施漆，於是概以彩畫

〔註34〕台北：聯經出版事業公司，有彩印本。

代之〔註35〕。北京故宮內保存有中國最珍貴最豐富的彩畫藝術，例如太和殿屋檐下的斗栱、額枋和樑椽上的彩圖，顏色鮮豔，線條錯綜，與金瓦朱楹、白石欄杆，以及碧藍的天色構成了莊嚴富麗的景界。

　　彩畫的風格歷代均有變化。以用色為例，早期以丹、朱兩色為主，圖案亦較古樸簡單；後來設色漸見複雜，圖案亦隨之多樣化，在《營造法式》中，總結彩畫畫法有六種、紋樣有九種之多。元、明及清代之彩畫，大都是宋代畫法之發展。〔註36〕

　　彩畫能經久不敗，與顏料有關，顏料大都是礦物質，如青石、石綠、硃砂、雄黃、赭石、銀硃、鉛粉等等。設色講究青綠相同、深淺對比。《營造法式》內提及「疊暈」法，清代有「退暈」、「對暈」之說，均為顏色由淺入深而不呆滯之藝術手法。十六世紀以後，宮殿建築追求輝煌富麗，在彩畫上大量使用金色，形成一種新風格。

　　原來宮中所謂貼金、鎏金，均用真金，製作講究，從不含糊，彩繪中的龍鳳，均由深淺兩色組成，不僅使彩繪更加瑰麗，且靈活而有變化。此乃中國彩繪藝術中最考究的「兩色貼金法」。兩色金中深黃者稱「庫赤金」，是以純金錘打成箔；淺者名「大赤金」，係在純金中加上銀子錘成，顏色稍發白。兩種金箔交相配合使用，深淺有致，有如國畫中之濃淡相間，互為襯托，使色彩更為鮮明悅目。

　　彩畫發展至清代，構圖設色上有進一步之變化，大致可分為三大類：

1. **和璽彩畫**：主要題材是龍與鳳，表示莊嚴華貴（出現於明末清初）。
2. **旋子彩畫**：是螺旋式之裝飾圖案，用於次要宮殿、衙署（元代開始出現）。
3. **蘇州式彩畫**：題材大都是山水、人物、花鳥、文玩等，用於園林建築上。十八世紀建的故宮乾隆花園蘇畫及新近繪之頤和園長廊蘇畫，均屬於此類。前者多北方建築上蘇式彩畫發展時期之作品，仿自蘇州。〔註37〕

　　還有北京建築中關於彩畫之名詞，尚有「點金」「碾玉」「火珠」之裝飾，

〔註35〕同註32。
〔註36〕見《細說錦繡中華彩色珍本》（台北：地球出版社，1975年7月出版），北京市，頁347。
〔註37〕同註36。

正即漢以來之遺象，此殆由實物而變爲象徵。

　　天安門城樓的內外油漆彩畫有一萬多平方公尺，外繪「金龍和璽」，內飾「龍草和璽」。所謂「城樓內外的油漆彩畫」，是指城樓內的藻井及檐下枋、檩上的彩繪而言。太和殿檐下彩繪亦頗有可觀，在康熙間重修時，係按清代最高級的「雙龍和璽」繪製的。此種彩繪構圖均由姿態各異的金龍組成。檩子上爲一條條互相追逐著的「行龍」；大小額枋上，正中方框，中是「二龍戲珠」；左右兩個「盒子」裏是「盤龍」；「盒子」與枋心之間是「把勢龍」。這些龍有的在奔馳騰躍，有的在蜷息盤伏。〔註38〕

（二）藻井斗栱之制

　　藻井亦稱「綺井」，即承塵。《文選・張衡・西京賦》中有「蒂倒茄於藻井」之句。注云：「藻井，當棟中交方木爲之，如井幹也」。左思〈魏都賦〉中亦有「綺井」之名。注中稱：「飾以丹青如綺」。可見藻井漢時便有。此即於室內天花板上雕刻水蓮花紋也。近代沿用此風，於殿之中央，多作八方形之藻井，其花紋雖不必同，其來歷必出於此，不獨中央，全部皆爲方形之格，而刻畫以最精細之花紋，亦即由此推廣而出。〔註39〕

　　另外由於古建築是木構爲主的，要使建築物的外部壯觀，那麼內部的樑柱斗栱就勢必要有相應的變化，中國古代建築家妙就妙在能把內部錯綜複雜的樑柱斗栱，在力學結構的科學設計中，加以藝術化，使它經過裝飾，變成了十分美妙的圖案，達到了建築科學與建築藝術的相結合。〔註40〕

　　故宮中最美的太和殿盤龍鳳藻井，富麗堂皇，光彩奪目。整個藻井爲全木結構，全部鎏金，自上而下，分爲九層，象徵九重天之意。中間雕刻龍鳳，間以斗栱。中央爲一條金色蟠龍，張牙舞爪，浪滾雲翻。由於施用淺浮雕、深浮雕及透雕手法，使龍頭探出雲海。龍的口中含著一條鏈子，下端是一個晶瑩明亮的銀色圓球。蟠龍的周圍，金鳳展翅，百鳳朝陽，龍飛鳳舞，栩栩如生。

　　那顆圓球名曰「軒轅寶鏡」。相傳軒轅氏（黃帝）曾造過這種鏡子。後代皇帝即位，均高懸此鏡，以示正統，當年殿內寶座即在此鏡下。明、清兩代曾有二十四個皇帝在此鏡下舉行登基大典。1915 年，袁世凱重修三大殿，自

〔註38〕謝同健，〈從重修天安門談故宮彩繪〉（載《文匯報》，1984 年 5 月 12 日）。
〔註39〕同註32。
〔註40〕同註36，頁338。

封「洪憲皇帝」，但生怕「軒轅寶鏡」掉下來把他砸死，就將寶座向後移到如今的位置。他還將殿中滿漢文合寫的匾額換成漢文的。

　　故宮中其他殿閣中的藻井也是多彩多姿的，有的是藍地上翱翔著白色仙鶴；有的是五個蝙蝠圍著個壽字，意為「五福捧壽」；有的是荷花出水、梅竹牡丹等花卉圖案，都是構圖精緻，色彩豔麗，引人入勝。

太和殿藻井中的軒轅寶鏡及斗栱

（三）石階之制

　　石階或可稱為基壇，根據《易經》與《墨子》說其功用是為了避潮濕的。《墨子》說堯土階三等。在河南偃師縣二里頭發現的商代前朝宮殿遺址已有高數十公分的基壇。湖北黃陂縣盤龍城的商代中期住屋遺址亦發現有基壇二

十公分〔註 41〕。〈班固賦〉云：「玄墀釦砌，玉階彤庭。」可以想見漢代宮殿基壇裝飾之美，北京各宮殿幾乎全有基壇，尤以太和、中和、保和三殿之大基壇最為偉觀，高八公尺（台邊七‧一二公尺，中心高八‧一三公尺）而石階上欄杆之雕琢尤為特出。

太和殿前石陛

保和殿後面

〔註41〕伊藤道治著、鄭欽仁譯，《中國通史》（台北：牧童出版社，1978 年），第二章〈王與神〉，頁 22、27。

（四）飛簷之制

〈班氏賦〉云：「上反宇以蓋戴，激日景而納光。」又云：「反宇業業，飛簷……。」，此乃凡屋宇皆垂下向，而大屋飛邊頭瓦皆更微使反上其形，則益恍然於今日北京宮殿之以厚重天矯之屋頂取姿〔註42〕。美國漢學家賴世和（Edwin O. Reischauer）以為飛簷和樑柱的偉麗色彩也正代表建築樣式的退化，他說唐宋的屋頂有重量感，向下壓到柱子，通過一個複雜系列的木支架，以今之奈良唐招提寺為例，屋頂由少數支架撐住，借著功用和裝璜，表現出木構建築的優美和規則，到明清兩代支架的木材越來越小，而數目越來越多，飛簷與支架依存的功用性減低，簡而言之，大建築為裝飾所退化。〔註43〕

（五）琉璃瓦裝飾

「琉璃」是玻璃的一種（鉛玻璃），也是中國最古老的陶瓷工業產品之一。最早的琉璃，是在燒製陶器時偶然發現的，後才逐漸運用到器物上。

中國遠在二千多年前的戰國時代，就出產了小巧玲瓏的琉璃飾物。到了漢代，琉璃、碧玉、珊瑚，同被列為國寶，非常名貴。可是製作方法卻逐漸失傳了。漢魏以後，從克什米爾、東羅馬帝國輸入了一些琉璃器，逐漸用於建築，北魏宮殿已用琉璃瓦〔註44〕。隋初，著名建築家何稠恢復了琉璃的製作，並且大量生產，用於宮殿建築，於是盛唐的京城長安，出現了「碧瓦朱甍照城廓」的輝煌景象。〔註45〕

宋·李誡之《營造法式》中，亦有燒造黃色琉璃瓦之制度物料功限，其燒造附於青棍瓦窰中（青棍瓦即澄泥瓦，不上渤藥者），當時應用尚不甚廣。今開封北宋的祐國寺塔（鐵塔）外表是用琉璃磚石貼成，及元乃設專官，大概金元以後，仍利用太行山脈之特產，繼續北魏以來之特殊工藝，而加以擴充改良。〔註46〕

今天，北京宮殿之偉麗色彩，大半也由於琉璃之顏彩耀目。

明代琉璃瓦原燒於門頭溝距北京較遠，實感不變，後於北京南面海王村設一琉璃廠〔註47〕，到清代康熙朝以後，宮殿建築亦大致完成，以後只有門

〔註42〕同註32。
〔註43〕Edwin O. Reischauer *East Asia: The Great Tradition* P.389.（1960年第二版）。
〔註44〕《南齊書·魏虜傳》。
〔註45〕同註36，頁350。
〔註46〕同註32。
〔註47〕《明史·食貨志》。

頭溝維持宮廷需要。海王村琉璃窯因此停止，成爲集中古書古董之文化街。

八、對稱的佈局

宮殿對稱的佈局溯源於殷商。根據中央研究院歷史語言研究所發掘這一座周代以前最大的都城，殷王的宮殿是建築於地面上（平民是居於地下），先經過測量和計劃以後，對準正南正北的方嚮，在正當中建築一座大殿，然後左右對稱，東西分列。再建造一排排的房屋。建築房屋以前，卻知道先把地基舖平了，築實了，用土築成一塊高出地面的平台，然後再放石頭墩兒；石頭墩兒上立著大柱子，大柱子上再架上屋架，房頂上舖草（這種平台，可見於北京各宮殿），另殷墟亦發現九間一排的大殿，平列三座的大門（可見門亦爲對稱）〔註48〕。這種左右對稱，東西分列，極爲整齊嚴肅。今日中國以至日本、韓國、越南各地的宮殿、祠堂、廟宇、舊宅，一切中國式的建築，無不因襲著此一形式。

東漢洛陽南宮是絕對的對稱制，如宮東門（蒼龍門）對宮西門（白虎門）。一般宮殿分五路，中路是軸線，其餘四路左右對稱。北魏洛陽宮室大體亦是對稱。〔註49〕

唐代長安宮城從承天門到玄武門爲中軸，其他各殿、門左右對稱，例如歸仁門（東）對納義門（西）、左延明門對右延明門。長安城西北的大明宮亦如此對稱，唐之洛陽宮殿大體上也是對稱的〔註50〕。元大都宮殿更無異樣〔註51〕。明代承歷代之制規制幾乎對稱，後經清代改建，始漸趨參差。今天北平故宮遺留大致上是對稱的，有前後的對稱，也有左右的對稱，茲舉例於後：

外朝三殿（太和、中和、保和）與內廷三宮（乾清、交泰、坤寧）對稱。

文華門對武英門；文華殿對武英殿。

〔註48〕 方師鐸主編，〈史地周刊〉（載《國語日報》，1970 年 9 月 2 日），第二八八期。

〔註49〕 不著撰人，《元河南志》（台北：世界書局，1974 年 5 月再版），後漢東都城圖及後魏京城宮室圖。

〔註50〕 清・徐松，《唐兩京城坊考》，西京宮城圖、西京大明宮圖及東都宮城皇城圖。

〔註51〕 朱偰，《元大都宮殿圖考》（台北：古亭書局，1970 年 12 月重印），元大都宮殿圖。

後宮內東路對內西路；外東路對外西路。

午門對神武門；東華門對西華門。

東北角樓對西北角樓；東南角樓對西南角樓。

若具體而微的細分：

午門以內兩旁協和門對熙和門。

太和門兩旁昭德門對貞度門。

太和殿兩旁中左門對中右門。

太和殿兩旁左翼門對右翼門。

太和殿兩旁體仁閣對宏義閣。

文華殿兩旁本仁殿對集義殿。

武英殿兩旁凝道殿對煥章殿。

其餘如新左門對新右門；後左門對後右門；日精門對月華門；咸和左門對咸
和右門……不勝枚舉。

九、其他直接承自元大都宮殿的影響者

（一）天安門前橋上，有華表二，東西峙立，竿頭獅北向。其制蓋沿自
元代崇天門前橋邊之華表，而稍加變通耳。按蕭洵《元故宮遺錄》
云：「河上建白石橋三座，名周橋，皆琢龍鳳祥雲，明瑩如玉；橋
下有四白石龍擎戴水中甚壯。」〔註52〕

（二）太和殿之東西為體仁閣，宏義閣，與廡相連；明代稱文昭閣武成
閣，承自元大明殿東西之文武樓。金圖經亦有文武樓，惟在宣陽
門內東西，與後世文武樓之在正殿左右者不同。蕭洵《元故宮遺
錄》云：「大明門旁建掖門，繞為長廡，中抱丹墀之半。左右有文
武樓。正中為大明殿。」明・劉若愚《酌中志》猶稱文昭閣為文
樓，武成閣為武樓。

（三）太和殿三重白石闌及三級陛與元大明殿完全相同。蕭洵之《元故
宮遺錄》云：「正中為大明殿，殿基高可十尺，前為殿陛，納為
三級，繞以龍鳳白石闌；闌下每楯壓以鼇頭，虛出闌外，四繞於
殿。」

（四）太和殿中和殿保和殿周廡四隅崇樓之制亦承自元代。陶宗儀《輟

〔註52〕同上書，第一章〈導言〉，頁2。

耕錄》云：「大明殿……周廡一百二十間，高三十五尺，四隅角樓四間，重簷。」又云：「延春閣……周廡一百七十二間，四隅角樓四間；隆福宮……周廡一百七十二間，四隅角樓四間。」可見元代主要宮殿，皆有周廡及角樓。

（五）紫禁城四隅，有角樓四，重簷三層，元代宮城亦城。《輟耕錄》云：「角樓四，據宮城之四隅，皆三樓，琉璃瓦飾簷脊。」

（六）元代習用「工」字形的宮殿形式，明清多加沿用，如外朝三殿及內廷三宮配置上均爲大「工」字形。〔註53〕

〔註53〕本九小節二、三、四、五、六段均同上註，頁 2～3。

第七章　結　論

明清北京的規建，係以《周禮》的理論爲基礎，並因襲中國歷代都城實際的發展狀況，及遷就北京地區的地理特點，其中建築的樣式、佈局、格調，蘊涵了無比博大精深的古代中國人的政治倫理哲學思想。同時北京的都城制度也是保存至今的中國文化最具紀念性的遺產。茲總結本論文於下：

一、紫禁城建置的人文觀與宗教觀

明清北京城的規建，大前提是受了古代中國人宇宙觀和世界觀的指引，而紫禁城的一般建築物的格局、佈置也蘊涵了無比博大精深的古代中國人的政治倫理哲學思想，及其他的文化、宗教等觀念。

（一）先秦哲學的表徵

大約在公元前十一世紀左右，西周在建國之始，便將夏、商以來的各種國家的制度、觀念、社會秩序、國人的生活方式、行爲準則等等作一次總結，即將歷史文化的經驗加以匯集、釐定和增補，定出了西周的制度和標準，這就是「禮」。〔註1〕

而古代聖賢制禮作樂，都是爲了倡明教化，以臻人類至善之境，寓意深遠。後代相沿其制，並加上實際人生追求的目標，而表現於國人思想行爲與文化建設之中。而在宮殿的營建上，儒家、道家等思想理念可在北京紫禁城的建置之中看出。

古來相傳高高在上的天神是作育萬物之源，各代的君主便都以天神的兒子自居，以求取得統治天下的合法地位。而古代的中國人也相信「天」會把

〔註1〕李允鉌，《華夏意匠‧影響形制的特殊因素》，頁39。

統治天下的權力授給一個特別有德行的君主以及這位君主的後代，而君主必須以忠實與正直的態度，竭盡所能，運用神授的權力來替天行道，造福百姓，成爲天界與人間世界的連繫。

這也就是儒家主張的聖賢政治（孔子言必稱堯舜），即由聖人來當皇帝，如不可能的話，希望皇帝是聖人，但人大部份皆非聖賢，因此漢代儒生賈誼主張由加強皇太子的教育著手。所以，漢代以來就很重視儲君的教育，宋代皇太子必讀《資治通鑑》等書，主要是教皇太子將來如何勤政愛民，一切德行要爲臣民表率，使儲君成爲一名「仁」者。因而，在中國歷史上賢君雖然不多，但是暴君卻很少，主要是在於民本思想爲前提的中國文采並茂的文化影響，因此，紫禁城內部的佈置裝飾也均具有教化的意味。〔註2〕

儒家思想主要爲「敬天」、「中庸」、「仁民愛物」、「誠、正、修、齊、治、平」等；道家思想主要爲「無爲」，這些先秦諸子思想精華的格言，加上一些平時古代國人所追求的長壽、百子千孫、幸福、吉祥等類語，均反映於故宮宮殿的門額、匾額、對聯等。因此，紫禁城內充滿了中國精神文化的氣息。

有關敬天部分，例如：

> 齋宮的寶座上匾曰「敬天」。承乾（宮），即意爲承天命，並強調周
> 易「天行健，君子以自強不息。」的天道理念。

關於中庸和諧部分，例如：

> 太和（門、殿）、中和（殿）、保和（殿）、中正（殿）、交泰（殿）、
> 養和（殿）、體和（殿）、元和（殿）、協和（門）、熙和（門）、延和
> （門）、履和（門）、咸和（左、右門）、慈寧（門、宮）、咸熙（門）。

關於大學八條目〔註3〕部分，例如：

> 誠肅（殿）、養心（門、殿）、養性（門、殿）。

關於孝道部分，例如：

> 奉先（殿）「明、清代」、奉慈（殿）「明代」。

關於道家部分，例如：

> 交泰殿匾曰「無爲」，是主張垂拱而治，予民生養休息。

〔註2〕 愛新覺羅・溥儀，《我的前半生》，第二章〈我的童年〉，二〈帝王生活〉：「周
圍的建築和宮殿的陳設，也對我（溥儀）起著教育作用。」
〔註3〕 大學八條目是：誠意、正心、格物、致知、修身、齊家、治國、平天下。

關於吉祥祈福部分，例如：

> 咸福（宮）、建福（宮）、景福（門、宮）、壽樂（房）、寧壽（門、宮）、綏壽（殿）、永壽（宮）、昌祺（門）、百子（門）、長康（左、右門）、吉雲（樓）、長春（宮）。〔註4〕

而由遠古而來的民本思想，最顯著的實物代表，則是表現於「華表」。華表又稱作「誹謗木」，是一根高高的木柱，而在其上柱頭，橫交一根短木，形狀像花。今天安門內外有四根華表。這種華表相傳在堯帝時，憂慮政事有缺失，在交衢道路設華表柱，如臣民有意見，寫於木板，掛在柱上，朝廷便派人取回，做爲施政的參考。〔註5〕

此外，關於宋代理學部分，例如：

> 主敬（殿）、傳心（殿）。〔註6〕

在實體物方面，儒家與道家哲學的理念也影響了中國的建築佈局，因爲中國式的房屋代表一座人造對稱、整齊序列體系的封閉性和諧樂土，中國式的園林則象徵一個靈性、巧妙、自然曲線的世界，所以住宅與園林是涵含儒家與道家在哲學上的明顯對比——一個是豐足的、抒情詩調的、倫理秩序制度的；另一個則是充滿靈性的、新奇奧妙的〔註7〕。而紫禁城的宮殿群有主軸對稱佈局，紫禁城內的園林卻有自然巧妙、不對稱的構圖，這些都充分表現出儒家講究的和諧秩序精神與道家追求的自然清靈意境。

（二）堪輿學的影響

同時，紫禁城的建置也受其他因素的影響，如陰陽五行、風水、佛教……等。

戰國之後，「禮」和「陰陽五行」學說產生了一種結合起來的傾向，陰陽五行學說的各種內容加入建築的制度中來以後，不但與「禮制」沒有矛盾，二者還完全統一了起來，成爲古代建築設計的理論之一。

陰陽五行之說中的象徵主義，例如五行的意義：「象德」（「火」代表朝；「土」代表皇帝；「金」代表皇后；以「木」代表太子；「水」代表市。這稱

〔註4〕謝敏聰，〈明清北京皇城建置的寓意〉（載台北，《中央日報》，《文史》第一○七期，1980年6月10日）。

〔註5〕明・王三聘輯，《古今事物考》，卷二〈華表條〉。

〔註6〕程子主敬，陸九淵主「心即是理」。

〔註7〕Philip Bagenal, Jonathan Meades 合著，謝敏聰譯，〈宇宙中心的象徵——中國古典建築藝術的意境〉，載《世界華學季刊》三卷一期。

為「象德」或「帝德」）、四靈（指青龍、朱雀、白虎、玄武）、四季、方向、顏色等很早就反映到建築中來。這些東西在建築設計中，不僅是在藝術上希望取得與自然結合的「宇宙圖案」，最基本的目的在按照五行的「氣運」理論來制定建築的形制，其定則可約略表列如下：

五 行	方 向	顏 色	四 季	象 德	四 靈	意 義
木	東	青	春	太 子	青 龍	和 平
火	南	紅	夏	朝	朱 雀	喜 悅
土	中	黃	仲 夏	皇 帝	皇 宮	富 貴
金	西	白	秋	皇 后	白 虎	悲 哀
水	北	黑	冬	市	玄 武	莊 嚴

在極為複雜的古代哲學思想影響下，五行之說在建築上的應用逐漸發展成為一種「玄學」的「風水」之說，也就是所謂的「堪輿學」。這是由地理師來主持的。

八卦示意表

順序	名稱	簡捷畫法	表示自然物	表示方位
1	乾	☰ 乾三聯	天	西北
2	坎	☵ 坎中滿	水	正北
3	艮	☶ 艮覆碗	山	東北
4	震	☳ 震仰盂	雷	正東
5	巽	☴ 巽下斷	風	東南
6	離	☲ 離中虛	火	正南
7	坤	☷ 坤六段	地	西南
8	兌	☱ 兌上缺	沼澤	正西

八卦示意圖

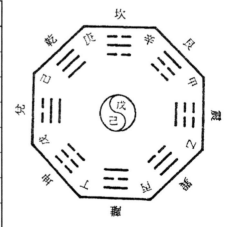

古人相信地理師能在惡劣的環境下驅除邪惡，並能確定是否選擇有良好神靈的基址。與風水相關的樹、水、岩石與及土地的位置，都要被地理師詳細的觀察、分析過，而假如經地理師的判識是吉利的，工匠就可以選個好日子開工了。風水是中國古代主導建築物設計很多限制的例子之一。它反映在精神與物質需要上的雙元特性──即感情與理智的均衡發展。

　　堪輿學表現於紫禁城內外的是，明代建都北京時，爲了鎮壓元代的「王氣」，根據風水之說在元代宮殿位置上築了一座「煤山」（今稱「景山」），同時這座山也用來抵擋北方的黑暗與煞氣，藉以保護天子居住的地方。因此，從這不難瞭解皇帝的寶座爲什麼總是坐北向南，朝著光明、溫暖而有朝氣的那一面了。

　　還有，在風水上要求水來自乾方，自巽方出去，因此，紫禁城裏的內河——金水河，才自西（乾方）引入，沿內廷宮牆之外的西側逶迤南行，到武英殿西側向東行，進入外朝的太和門前方，自西向東而行，出口則在紫禁城的東南，屬於八卦中的巽方。這條河名也與五行之說有關聯，五行中的「金」爲西方，這條自西而來的河又位於紫禁城內，因此稱爲內金水河。〔註8〕

　　五行學說中的五色、五志（意義）和紫禁城中的建築色彩也有很大聯繫。如在五行學說中，赤色象徵喜，所以紫禁城的宮牆、檐牆都用紅色，宮殿的門、窗、柱、框也全都採用紅色，而且是銀硃紅色。而坤寧宮室內的鮮紅色彩更加明麗，朱紅壁板上的「囍」字用瀝粉貼金。可見紫禁城建築色彩的運用受五行學說的影響之深。相對的，在建築上能夠使用朱紅顏色的就只有親王府邸和寺廟了，而平民建築的門柱多漆黑色，只是過年時貼紅對聯，結婚時用紅喜字、紅信箋、紅服飾而已。〔註9〕

　　另外，如丹陛或臺階象徵地球，因此由大地上的物質所築成，像岩石、石板、磚頭等。牆壁則用木頭做的——因爲樹木介於天地之間的，而屋頂是天的反映〔註10〕，尤其皇宮的屋頂用金黃色的琉璃瓦，更象徵天子的尊貴。

（三）宗教色彩的反映

　　在建築藝術與建置上，紫禁城還受到其他一些宗教，如佛教文化的影響。例如紫禁城的三大殿：太和殿、中和殿與保和殿內的寶座也是在須彌座上。須彌，本爲山名，亦作須彌婁、修迷樓、蘇迷盧、是梵語，意譯爲「妙高」。〔註11〕

　　另外，午門的彩畫裝飾也反映出佛教文化色彩。午門彩畫上的圖案爲

〔註 8〕　于倬雲，《紫禁城宮殿》（香港：商務印書館，1982 年），〈紫禁城宮殿的營建及其藝術〉，頁 28。

〔註 9〕　同註 8。

〔註10〕　同註 7。

〔註11〕　《佛經》說：「南贍部洲等四大洲之中心，有須彌山，處大海之中，上高三百三十六萬里，頂上爲釋帝天（即忉利天）所居，半腹爲四天王所居。」

「西蕃草三寶珠金琢墨彩畫」，這種「寶珠圖」是隨佛教傳入中國的，後來並與漢文化相融會貫通，而應用在佛教雕刻與其他建築配飾上，例如雲崗石窟雕像、寺廟佛壇須彌座等，甚至於皇帝的寶座上也有寶珠的雕飾。而午門裝飾的寶珠捲草圖彩畫，實在是傳統文化結合了宗教藝術的一種反映，在建築美學上，不能明艷紛而典雅，並且蘊含了真純、求善的信仰精神。

因此，紫禁城建置的思想背景是多元性質的。

二、文化統系的總成

唐末五代以後，長安洛陽被毀，又經過靖康之難，中國的傳統文物，大部分已入於北方，而南方的帝都僅承政治上的統系而已，不能代表中國最高的文化。如《宋史・地理志》，謂高宗以杭州治為行宮，宮室制度皆從簡省，不尚華飾，其宮殿隨事易名，隨時易額〔註12〕，不能備制。而「中興服御惟務簡省，宮殿尤樸，陛階一級，小如常人所居。」決不足與盛唐及北宋相較。

元朝以後，建都於南方的時間很短，明初南京的規模，今尚存梗概，實遠遜北京，凡此皆足以證實遼金以後的北京，實逐步取得文化中心的資格，其線索自長安、洛陽、開封而來，北京之所以可貴也就是在此。〔註13〕

從本論文第六章看來，則知北京為唐朝以後中國文化中心的繼承者。蓋自唐亡以後，其中國文化的重心在北而不在南，由此歷代加以擴展，加上容納許多新的生命，漸漸成為一極瑰異之偉觀。

在縱的方面，許多遠久之經典的歷史意義，包括在其中，在橫的方面，許多種族語文宗教習俗之結合，表現於其外，關於前者已於五、六章約略述及，關於後者，在元明清三代，尤為顯著。

所以北京在十一世紀以後，不獨為中國文化的中心，也是東亞各民族聯合發揮其民族性之所在，抑亦為東西兩方文化特性接觸之所在。

環顧今日世界，欲求研究完整的中國文化統緒及研究東西兩大支文化勢力的異同離合之故，除北京而外，再也找不到了，因此北京不但是中國的北京，也是世界的北京。

〔註12〕《宋史・地理志》：「垂拱、大慶、文德、紫辰、祥曦、集英六殿，隨事異名實一殿，重華、慈福、壽慈、壽康四宮，重壽、寧福二殿，隨時異額，實德壽一宮。」
〔註13〕楚金，〈從北京之沿革觀察中國建築之進化〉（載《中和月刊》二卷八期，1941年8月）。

圖一：北京正陽門門樓。正陽門爲明清北京城的正門，地位一如隋唐長安
城的明德門。位於大城的中軸線上，俗稱前門，結構宏偉，刻畫壯
麗，樓頂迄地高達42公尺，爲北京各門之冠。

圖二：明清北京內城城牆，由崇文門迤東到內城東南角樓的一段，修建成明
城牆遺址公園，保存城牆長一公里，高約 11.36 公尺，雉堞高約 1.8
公尺，通過約 13.2 公尺多，底寬約 19.84 公尺，頂寬約 16 公尺。

圖三：北京天壇祈年殿。祈年殿建於祈穀壇上，爲一座覆蓋琉璃瓦，飛簷
　　　三層的圓亭，乃天壇最雄偉的建築。每年正月上辛日皇帝御此恭祀
　　　平日置於其後皇乾殿內昊天上帝以下之各神位，面北行三跪九叩首
　　　之禮，祈禱年內農穀豐收，明朝舊殿於光緒十五年（1889）遭雷火
　　　焚毀，今殿爲光緒二十二年（1896）依照舊制重修。

圖四：北京天壇皇穹宇，內供奉皇天上帝神位，爲金頂單檐的圓形建築。

圖五：天壇圜丘。

圖六：端門，制與天安門同，爲紫禁城的前門。

圖七：午門，爲紫禁城的南門，也是正門，重檐廡殿黃琉璃瓦頂，爲每年
頒朔及戰爭凱旋舉行獻俘禮的地方。

圖八：太和門，爲太和殿的正門，建於白石崇基之上，九間四間，
　　　重簷廡殿頂，爲宮廷最高大的門座，造型頗爲壯麗。明清兩
　　　代皇帝有御宮門聽政之制，即古代的常朝。明代御奉天門（清
　　　代的太和門），順治時御太和門，康熙以後改御乾清門。

圖九：太和殿，爲故宮最大，也是最重要的殿宇，氣象莊嚴雄偉，壯
　　　麗絕倫，爲明清宮廷正殿。有唐・王維詩「九天閶闔開宮殿，
　　　萬國衣冠拜冕旒」的氣氛。

圖十：太和殿側景。

圖十一：太和殿廣場體仁閣。

圖十二：文華殿，爲明代太子讀書處，並爲明淸皇帝御經筵之所。

圖十三：文淵閣，爲淸代紫禁城收藏《四庫全書》的地方。

圖十四：武英殿，明朝皇帝在此齋居和召見大臣，清初凡內廷校刊書籍於
　　　　此，稱爲聚珍版（通稱殿版）。

圖十五：養心殿，從雍正以迄宣統，這裡是皇帝寢殿。

圖十六：乾清宮，是內廷的正殿。

圖十七：寧壽宮皇極門。

圖十八：寧壽宮寧壽門。寧壽宮是爲乾隆皇帝當太上皇時準備使用的
大宮殿區域。

圖十九：寧壽門前的銅獅。

圖二十：故宮的城牆與護城河。

參考書目

壹、重要史料

1. 《周禮》，台北：台灣商務印書館，1974 年 11 月二版。
2. 高承，《事務紀原》，台北：台灣商務印書館，1971 年 4 月台一版。
3. 張廷玉等，《明史》，台北：鼎文書局影印新校本，1975 年 6 月。
4. 黃彰健等校，《明實錄》，台北：中央研究院歷史語言研究所，1962 年 5 月。
5. 沈德符編，《萬曆野獲編》，北京：中華書局重印本，1959 年。
6. 徐學聚，《國朝典彙》，台北：台灣學生書局影印，1965 年。
7. 劉若愚，《酌中志》，台北：偉文圖書公司影印，1976 年 9 月。
8. 不著撰人，《明內廷規制考》，借月山房彙鈔本。
9. 呂毖，《明宮史》，台北：商務印書館影印四庫全書文淵閣本。
10. 龍文彬，《明會要》，光緒年刊本。
11. 申時行等重修，《大明會典》，明萬曆年刊本。
12. 王三聘輯，《古今事物考》，台北：台灣商務印書館，1971 年 5 月。
13. 陳循，《寰宇通志》，台北：廣文書局影印，1968 年 10 月。
14. 嵇璜等撰，《清朝通志》，台北：新興書局影印，1959 年 7 月。
15. 崑崗等纂，《大清會典》，台北：啓文書局影印，1963 年 1 月。
16. 《大清會典事例》，清光緒年印本。
17. 蔣良騏，《東華錄》，台北：華文書局影印，1968 年 8 月。
18. 朱彝尊，《日下舊聞考》，廣文書局影印，1968 年 7 月。
19. 孫承澤，《天府廣記》，台北：大立出版社影印，1980 年 11 月。

20. 孫承澤，《春明夢餘錄》，台北：台灣商務印書館影印四庫全書文淵閣本。

21. 曼殊震鈞，《天咫偶聞》，台北：廣文書局影印，1970 年 12 月。

22. 不著撰人，《三輔黃圖》，台北：世界書局影印，1974 年 5 月。

23. 徐松，《唐兩京城坊考》，台北：世界書局影印，1974 年 5 月。

24. 蕭洵，《元故宮遺錄》，台北：世界書局影印，1963 年 5 月。

25. 不著撰人，《元河南志》，台北：世界書局，1974 年 5 月。

26. 于敏中，《國朝宮史》，台北：文海出版社影印，1966 年。

27. 徐永年，《都門紀略》，台北：文海出版社影印，1966 年。

28. 章唐容輯，《清宮述聞》，台北：文海出版社影印，1966 年。

29. 吳長元，《宸垣識略》，台北：文海出版社影印，1966 年。

30. 慶桂，《國朝宮史續編》，台北：學生書局影印，1965 年 11 月。

31. 《欽定內務府現行則例》，北平：故宮博物院重印，1937 年。

32. 余榮昌、戟門氏編，《故都變遷紀略》，台北：古亭書屋影印，1969 年 11 月。

33. 顧祖禹，《讀史方輿紀要》，台北：樂天出版社，1973 年 10 月。

34. 繆荃孫等，《光緒順天府志》，台北：文海出版社影印，1965 年 8 月。

35. 嵇璜等編，《清朝文獻通考》，乾隆武英殿刊本。

36. 高士奇，《金鰲退食筆記》，北京：古籍出版社，1980 年。

37. 趙爾巽等修，《清史稿》，北京：中華書局，1977 年第一版。

38. 國史館，《清史稿校注》，台北：台灣商務印書館。

39. 謝國楨編，《明史資料叢刊》，江蘇人民出版社，陸續編印。

貳、一般論著

一、中　文

（一）專　書

1. 昭槤，《嘯亭雜錄》，宣統元年鉛印本。

2. 單士元，《故宮史話》，北京：出版社未詳，1962 年 7 月。

3. 萬依，《故宮導引》，北京：紫禁城出版社，未註明出版年月。

4. 齊如山，《北京》，台北：正中書局，1957 年 5 月初版。

5. 湯用彬，《舊都文物略》，北平市政府，1935 年 11 月。

6. 范功勤，《中華河山》，台北：正中書局，1971 年 11 月台初版。

7. 金受申，《北京的傳說》，北京：北京出版社，1981 年。

8. 黃先登編譯（譯自日文版），《北京的傳說》，台北：常春樹書坊，1979年4月初版。

9. 黃寶瑜，《中國建築史》，台北：正中書局，1973年3月初版。

10. 李甲孚，《中國古代建築藝術》，台北：北屋出版社，1977年2月初版。

11. 那志良，《故宮四十年》，台北：商務印書館，1966年10月初版。

12. 莊士頓原著、秦仲龢譯寫，《紫禁城的黃昏》，台北：新萬象出版社，1980年1月。

13. 勞榦，《中國的社會與文學》，台北：傳記文學社，1970年12月初版。

14. 三田村泰助著、王家成譯，《宦官秘史》，台北：新理想出版社，1975年9月初版。

15. 《錦繡中華》，香港：華夏出版社，1972年5月初版。

16. 旅行家雜誌編《北京十大名勝》，中國青年出版社，1983年10月。

17. 鄭連章，《紫禁城城池》，北京：紫禁城出版社，1986年10月第一版。

18. 閻崇年主編，《中國歷代都城宮苑》，北京：紫禁城出版社，1987年6月第一版。

19. 李學文、魏開肇、陳文良，《紫禁城漫錄》，河南人民出版社，1986年9月第一版。

20. 王達人、王殿英，《故宮大觀》，重慶出版社，1987年12月第一版。

21. 陳橋驛主編，《中國六大古都》，北京：中國青年出版社，1985年4月第二版。

22. 許永全譯、喜仁龍（Osvald Sirén）著，《北京的城牆和城門》，北京：燕山出版社，1985年8月初版。

23. 王仲奮編著，《地壇》，北京：中國旅出版社，未標明出版年月。

24. 陳宗蕃編，《燕都叢考》，台北：進學書局影印，1969年1月。

25. 齊心編，《北京孔廟》，北京：文物出版社，1983年3月第一版。

26. 姜舜源，《故宮史話》，北京：中國大百科全書出版社，2000年。

27. 程光裕、徐聖謨主編，《中國歷史地圖》（下冊），台北：文化大學出版部，1984年10月初版。

28. 宋肅懿，《唐代長安之研究》，台北：大立出版社，1983年8月初版。

29. 萬依、王樹卿、陸燕貞，《清代宮廷生活》，香港：商務印書館，1985年第一版。

30. 于倬雲，《紫禁城宮殿》，香港：商務印書館，1980年10月初版。

31. 芮謙主編，《黃花黎家俱》，北京：紫禁城出版社，2008年3月第一版。

32. 謝敏聰，《宮殿之海紫禁城》，台北：世界地理雜誌社，1983年3月初版。

（二）專 文

1. 蔣廷黻，〈北平的前途及古物的保存〉，《獨立評論》第五十七號，1933 年 7 月。

2. 易叔寒，〈多少蓬萊舊事〉，《中央月刊》六卷十期，1974 年 8 月。

3. 勞榦，〈禮經制度與漢代宮室〉，《國學季刊》六卷三期，1939 年 12 月。

4. 吳劍煌，〈遊清宮中路紀略〉，《東方雜誌》二十二卷十三號，1925 年 7 月 10 日。

5. 那志良，〈北伐成功後故宮博物院的憂喜〉，《傳記文學》三十六卷五期。

6. 唐蘭，〈故宮博物院叢話〉，《文物》，1960 年第一期。

7. 魏建功，〈瓊苑記〉，《東方雜誌》二十二卷十三號，1925 年 7 月 10 日。

8. 華繪，〈明代建都南北兩京的經過〉，《禹貢半月刊》二卷十一期，1935 年 2 月。

9. 侯仁之，〈北平金水河考〉，《燕京學報》三十期，1946 年 6 月。

10. 侯仁之，〈關於古代北京的幾個問題〉，《文物》，1959 年第九期。

11. 侯仁之，〈北京舊城平面設計的改造〉，《文物》，1973 年第五期。

12. 侯仁之、吳良鏞，〈天安門廣場禮讚——從宮廷廣場到人民廣場的演變〉，《文物》，1977 年第九期。

13. 勞榦，〈論國都的建置及唐代以前的都邑設計〉（收入勞榦著，《中國的社會與文學》單行本，台北：傳記文學社，1970 年 12 月初版）。

14. 蔣夢麟，〈迷人的北京〉（收入蔣夢麟著，《西潮》，台北：世界書局影印，1971 年 3 月初版）。

15. 朱偰，〈元大都宮殿圖考〉（收入程演生輯，《故都紀念集》單行本，台北：古亭書屋，1970 年 12 月重印）。

16. 朱偰，〈北京宮闕圖說〉（收入程演生輯，《故都紀念集》單行本，台北：古亭書屋，1970 年 12 月重印）。

17. 謝敏聰，〈明清北京建制的思想淵源〉（載《中央日報文史周刊》一〇三期，1980 年 5 月 6 日）。

18. 謝敏聰，〈明清北京皇城建置的寓意〉（載《中央日報文史周刊》一〇七期，1980 年 6 月 10 日）。

19. 楚金，〈從北京之沿革觀察中國建築之進化〉，《中和月刊》二卷八期，1941 年 8 月（收入《中和月刊史料選集》，台北：文海出版社，1966 年）。

20. 王璞子，〈故宮御花園〉，《文物》，1959 年第七期。

21. 于倬雲，〈故宮太和殿〉，《文物》，1959 年第十一期。

22. 單士元，〈故宮〉，文物參考資料，1957 年第一期。

23. 單士元，〈故宮乾隆花園〉，《文物》，1959 年第一期。

24. 戴富生、胡勇進，〈淺談故宮門額上的滿文〉，《紫禁城雙月刊》總第四十二期，1987 年第五期。

25. 史樹青，〈王紱北京八景圖研究〉，《文物》，1981 年第五期。

26. 鄭欣淼，〈故宮學述略〉，《故宮學刊》，2004 年總第一輯。

27. 鄭欣淼，〈紫禁城與故宮學〉，《故宮博物院院刊》，2004 年第五期。

28. 鄭欣淼，〈故宮的價值與故宮博物院的內涵〉，《故宮博物院院刊》，2003 年第四期。

29. 鄭欣淼，〈談故宮學術研究的發展〉，《中國文物報》，2005 年 10 月 5 日，記者王征採訪鄭院長。

30. 鄭欣淼，〈故宮博物院八十年〉，《故宮博物院院刊》，2006 年第六期。

31. 晉宏逵，〈北京紫禁城背景環境及其保護〉，《故宮博物院八十華誕暨中國明清宮廷建築國際學術研討會會議論文》，2005 年。

32. 晉宏逵，〈故宮建築內裝修保護規劃的程序與方法——《乾隆花園文物保護規劃》序〉，《故宮博物院院刊》，2005 年第四期。

33. 晉宏逵，〈繼往開來　再創輝煌——中國紫禁城學會第四次學術討論會總結講話〉，《中國紫禁城學會論文集》，2005 年第四期。

34. 奉寬，〈燕京故城考〉，《燕京學報》第五期。

35. 包緝庭，〈北京的城門〉，《中國時報》，1975 年 10 月 19 日。

36. 蕭默，〈五鳳樓名實考——兼談宮闕形制的歷史演變〉，《故宮博物院院刊》，1984 年第一期。

37. 蕭默，〈鍾粹宮明代早期旋子彩畫〉，《故宮博物院院刊》，1983 年第三期。

38. 嚴夫章，〈明清修建紫禁城用的臨清磚〉，《故宮博物院院刊》，1982 年第一期。

39. 徐藝圃，〈試論康熙御門聽政〉，《故宮博物院院刊》，1983 年第一期。

40. 白麗娟，〈景仁宮正殿外檐裝修〉，《故宮博物院院刊》，1984 年第三期。

41. 鄭連章，〈紫禁城鍾粹宮建造年代考實〉，《故宮博物院院刊》，1984 年第四期。

42. 鄭連章，〈紫禁城宮殿總體佈局〉，《故宮博物院院刊》，1996 年三期。

43. 鄭連章，〈紫禁城建築上的彩畫〉，《故宮博物院院刊》，1993 年三期。

44. 鄭連章，〈北京故宮乾隆花園的建築藝術〉，載《中國紫禁城學會論文集》第三輯，2004 年。

45. 鄭連章，〈寧壽宮花園的掇山與置石藝術〉，《故宮博物院八十華誕暨中國明清宮廷建築國際學術研討會會議論文》，2005 年。

46. 朱家溍，〈咸福宮的使用〉，《故宮博物院院刊》，1982 年第一期。

47. 王宏鈞、劉如仲〈明代後期南京城市經濟的繁榮和社會生活的變化──明人繪「南都繁會圖卷」的初步研究〉，《中國歷史博物館館刊》，1979 年第一期。

48. 陳學霖，〈元大都城建造傳說探原〉，《漢學研究》第五卷第一期，1987 年。

49. 王璞子，〈元大都城平面規劃述略〉，《故宮博物院院刊》總第二期，1960 年。

50. 閻文儒，〈金中都〉，《文物》，1959 年第九期。

51. 王子林，〈紫禁城中軸的設置思想〉，《中國紫禁城學會論文集》第三輯，北京：紫禁城出版社，2004 年。

52. 王子林，〈仙樓佛堂與乾隆的"養心"、"養性"〉，《故宮博物院院刊》，2001 年第四期。

53. 王子林，〈雨花閣：乾隆朝宮廷佛堂建設主導思想論〉，《故宮博物院院刊》，2005 年第四期。

54. 姜舜源，〈明清朝廷四川採木研究〉，《故宮博物院院刊》，2001 年第四期。

55. 姜舜源，〈清代的宗廟制度〉，《故宮博物院院刊》，1987 年第三期。

56. 姜舜源，〈紫禁城東朝、東宮建築的演變〉，《故宮博物院院刊》，1995 年第四期。

57. 姜舜源，〈論元明清三朝宮殿的繼承與發展〉，《故宮博物院院刊》，1992 年第三期。

58. 謝敏聰，〈紫禁城的規建與沿革及其評價〉，《明史研究專刊》總第六期，1983 年 6 月。

59. 謝敏聰，〈九重門內的宮闕〉，《時報周刊》總一四七期，1980 年 12 月。

60. 謝敏聰，〈中共對北京舊城的改建〉，《時報雜誌》總一二六期，1982 年 5 月。

61. Anthong Lawrence，〈紫禁城舉世無雙〉，《讀者文摘中文版》，1975 年 6 月號。

62. 今西春秋，〈京師城內河道溝渠圖說〉，偽《建設總署》，1941 年 6 月。

二、日　文

（一）專　書

1. 岡田友尚編述，《唐土名勝圖會》，1805 年刊本。

2. 三田村泰助，《明と清》，東京：河出書房新社，1969 年 3 月初版。

3. 山根幸夫,《明帝國と日本》,東京:講談社,1979 年 10 月第一版。

4. 增井經夫,《清帝國》(中國の歷史第七冊),東京:講談社,1975 年二版。

5. 繭山康彥,《北京の史蹟》,東京:平凡社,1979 年 10 月第一版。

6. 臼井武夫,《北京追想》(城壁ありしころ),東京:東方書店,1981 年 11 月第一版。

7. 臼井武夫,《柳絮と黃塵》(北京風土記),東京:圖書出版,1987 年 11 月第一版。

（二）專　文

1. 竹島卓一,〈紫禁城〉(收入《原色世界の美術》中國本,東京:小學館,1971 年初版)。

參、參考畫軸複製品

1. 明成祖朱棣坐像(台北,故宮博物院藏)。

2. 北京宮殿圖(台北,故宮博物院善本書)。

3. 康熙南巡圖(北京,故宮博物院藏)。

4. 光緒大婚圖(北京,故宮博物院藏)。

肆、照片來源

1. 故宮博物院,《故宮週刊》,1929～1935 年。

2. 《紫禁城》,北京:紫禁城出版社,1987 年 1 月。

3. 周毅主編,《北京古建築掠影》,北京:北京美術攝影出版社,1984 年 10 月。

4. 常盤大定、關野貞,《支那文化史蹟》,東京:法藏館,1939 年。

伍、工具書

1. 單士元編,《明代建築大事年表》,台北:天一出版社影印,1976 年 11 月。

2. 瞿宣穎,《北平史表長編》,台北:古亭書屋影印,1969 年 11 月。

3. 《古建築遊覽指南》,北京:中國建築工業出版社,1981 年 11 月。

4. 《中國名勝辭典》,上海:辭書出版社,1981 年。

5. 《北京旅遊手冊》,北京旅遊出版社,1986 年 12 月。